Bärbel und Manfred Mohr

Fühle mit dem Herzen
und du wirst deinem Leben begegnen

AF185230

Bärbel und Manfred Mohr

Fühle mit dem Herzen

und du wirst deinem Leben begegnen

© KOHA-Verlag GmbH Burgrain
Alle Rechte vorbehalten – 1. Auflage 2012
Lektorat: Delia Rösel
Umschlag: HildenDesign, München
Titelfoto: © shutterstock/Artifan
Gesamtherstellung: Karin Schnellbach
Druck: CPI, Maravia
ISBN 978-3-86728-199-7

Inhalt

Einleitung

Nun ist es schon fünf Jahre her, seit ich gemeinsam mit Bärbel dieses Buch geschrieben habe. Und doch ist die Arbeit mit Gefühlen essentiell geblieben, ja vielleicht sogar noch wichtiger geworden. Gerade im viel diskutierten Jahr 2012, mit dessen Ende auch der Maya-Kalender endet, ist das Fühlen und Erleben wichtiger denn je. Wir stehen gerade an der Schwelle zu einem neuen Bewusstsein, das uns als Menschen zeigen wird, wie stark wir untereinander verbunden sind. »Du und ich, wir sind eins. Ich kann dir nicht wehtun, ohne mich selbst zu verletzen«, sagte Mahatma Gandhi. Unsere Gefühle sind das, was uns verbindet. Diese Erkenntnis wird immer stärker in uns.

Wie sehr diese Sichtweise bei immer mehr Menschen Anklang findet, zeigt das wachsende Interesse am hawaiianischen Hooponopono. Im hier vorliegenden Buch »Fühle mit dem Herzen« haben wir diese Technik bereits in einem Kapitel vorgestellt. Später entwickelten wir daraus ein leicht abgewandeltes eigenes Vergebungsritual, das Hoppen. Wir haben es im Buch »Cosmic Ordering – die neue Form der Realitätsgestaltung aus dem alten hawaiianischen Hooponopono« vorgestellt. Mittlerweile ist bereits eine ganze Anzahl von Büchern zu diesem Thema erschienen, die es teilweise sogar auf die Bestsellerlisten geschafft haben.

Besonders Bärbel war vom Hoppen restlos begeistert. Immer wieder luden wir Freunde zum gemeinsamen »Hopp-In« in unser Wohnzimmer ein. Und es sind vor allem unsere engsten Beziehungen zu den uns naheste-henden Menschen, die beim Vergeben die stärkste Trans-formation und Heilung erfahren dürfen.

Fühlen ermöglicht, dass wir unserem Leben begegnen. Wir stehen immer im Austausch mit unserer Umwelt. Wir können gar nicht anders. Als empfindende Wesen schenkt uns unser Gefühl wachsenden Zugang zur Welt. Durch das Fühlen sind wir in der Lage, unser persönliches Universum immer mehr zu erweitern. Denn je mehr wir unsere Gefühle zulassen können, umso weniger fühlen wir uns getrennt. Der Mensch »da draußen« wird immer mehr zum Geschenk und als Spiegel erkannt, in den meine Seele blickt, um sich selbst zu erkennen.

Man fühlt sich.

In Verbundenheit
Manfred Mohr, 11.3.2012

Teil I

Gedanken erzeugen Gefühle

Manfreds Anhaltspunkte dafür, dass das neue Gefühlszeitalter bereits mitten unter uns ist

Während die vergangenen Jahrzehnte geprägt waren von rationalem Verstehen und positivem Denken, werden im täglichen Leben zunehmend auch emotionale Gesichtspunkte wichtiger. Plötzlich gibt es im Wetterbericht die »gefühlte« Temperatur. Man spricht weniger vom Intelligenzquotienten (IQ), sondern verwendet stattdessen den Quotienten der »Emotionalen Intelligenz« (EQ). Wenn wir früher sagten: »Denk mal drüber nach«, gebrauchen wir heute häufiger die Frage: »Wie fühlt sich das für dich an?« All diese Anhaltspunkte scheinen auf eines hinzudeuten: Möglicherweise befinden wir uns momentan in einem Wechsel vom analytischen Denken hin zum emotionalen Begreifen.

Sogar die Unterschriften unter unseren Briefen haben sich geändert. »Viele Grüße« ist »out«, das heißt jetzt »Liebe Grüße«. Und Motorradzeitschriften, die haben sich am allermeisten geändert. Früher gab es die Doppelseite im Heft mit einer Großaufnahme von der Maschine und allen technischen Details. Heute enthält die gleiche Doppelseite großformatige Landschaftsbilder mit Serpentinenstraßen und die Abbildung vom Motorrad findet sich winzig klein unten in der Ecke. Was da angeboten wird ist das Gefühl von Freiheit, statt der sachlichen Infos über Technik und Funktion. Vom Verstand zum Gefühl – selbst beim Motorradfachmagazin.

Wir haben dieses Buch zur besseren Übersicht in drei große Teile gegliedert. Zuerst betrachten wir das Thema vom Verstand her und befassen uns mit der Tatsache, dass Gedanken Gefühle erzeugen. Das auf dieser Erkenntnis beruhende positive Denken ist sehr wichtig, um uns zuerst einmal von unserer allzu menschlichen und ego-behafteten Tendenz zu lösen, alles zu bewerten und negativ zu betrachten. Das Ego hat Spaß am Negativen, dadurch macht es sich nämlich so richtig wichtig und so richtig schön groß.

Wer es geschafft hat, trotz aller inneren Widerstände mehr positiv als negativ zu denken, ist auf dem halben Weg zum Glück. Das Ego wird sich dabei ein Stück weit verfeinern und unsere Schwingung wird sich anheben. Nun kommt der zweite Teil dieses Buches ins Spiel, denn auch Gefühle haben ein Eigenleben und sind nicht nur vom Verstand her bewusst bestimmbar. Viele Gefühle werden von uns verdrängt und vom Unterbewusstsein immer wieder auf dem Tablett der Erfahrung angeboten, um erlebt zu werden und damit ans Licht zu kommen. Dabei spielt wieder das Ego eine wichtige Rolle, da es neben der Vorliebe für das Negative auch dazu neigt, sich mit Gefühlen zu identifizieren, und daher nicht von schlechten Gefühlen loskommt. Im zweiten Teil dieses Buches gehen wir also noch mehr ins Gefühl und versuchen, emotional diesem Thema näher zu kommen.

Schließlich befassen wir uns noch im Teil III mit praktischen Anwendungen. Welche Auswirkungen auf den Körper und die physische Welt können die Gefühle haben? Hier geht es um Gesundheit, Beziehungen und um die konkreten Einflüsse unserer Gefühle auf unseren Körper und unsere Umwelt.

In diesem Buch soll die Kraft der Gefühle im Mittelpunkt stehen. Warum sind Herzenswünsche stärker? Was bedeutet es überhaupt, im Herzen zu sein? Und wie kommt man da hin? Wie hängen Ego und Gefühl zusammen? Schon im Talmud stehen die Worte:

> Achte auf deine Gedanken, denn sie werden Worte,
> achte auf deine Worte, denn sie werden Taten,
> achte auf deine Taten, denn sie werden Gewohnheiten,
> achte auf deine Gewohnheiten, denn sie werden dein Charakter,
> achte auf deinen Charakter, denn er wird dein Schicksal.

Und in Analogie und Weiterführung dazu möchten wir sagen:
Achte auf deine Gefühle, denn sie formen die Energie und damit dein Leben!
Denn jede Energie zieht ähnliche Energien (Menschen, Handlungen usw.) an. Und damit sind wir beim mittlerweile schon recht bekannten Gesetz der Anziehung, zu dem wir ein paar Kapitel weiter noch ein bisschen was sagen möchten.

ZUSAMMENFASSUNG:

Gefühle werden immer salonfähiger. EQ statt IQ und statt »Viele Grüße« unter einen Brief zu schreiben, ist es auf einmal gang und gäbe mit »Liebe Grüße« zu unterschreiben. Sogar der Wetterbericht präsentiert uns seit Kurzem eine »gefühlte Temperatur«. Der Mensch ist auf dem Weg der Annäherung an seine Gefühle!

Bärbels Erfahrungen mit Rollrasen und was er mit unseren Gefühlen zu tun hat

Wenn man einen Rollrasen verlegen möchte, muss man zunächst den alten Rasen umgraben und eine gute Schicht Sand-Erde-Gemisch draufgeben, bevor man den Rollrasen auflegt, sonst kommen die alten Unkräuter gleich wieder durch.

Genauso ist es mit alten Gefühlen. Wenn man die neuen einfach nur drauflegt, kommen die alten allzu schnell wieder durch. Man muss vorher »umgraben und ein Sand-Erde-Gemisch drauftun«, damit die neuen Gefühle ebenfalls schnell und gut Wurzeln fassen und die alten wirklich zu Humus werden. Dann bilden sie tief unten als Lebenserfahrung sogar noch den Dünger für Weisheit und eine tiefere Liebesfähigkeit und Dankbarkeit, anstatt einfach unten drunter weiter zu wachsen und wieder durchzukommen.

Ich habe es ausprobiert. Beides: Rollrasen und alte Gefühle. Wenn man Rollrasen einfach nur auf das alte Gras, Moos und Unkraut drauflegt, dann – dachte ich ganz einfältig – haben die alten Pflanzen kein Licht mehr und gehen damit ein und fertig. Schön wäre es gewesen. Ich habe wöchentlich den Rollrasen an verschiedenen

Stellen hochgeklappt und was tatsächlich passiert ist, ist, dass der neue Rasen nichts hatte, woran er gleich festwachsen konnte, denn er lag ja auf platt gedrücktem alten Gras. Die neuen Wurzeln mussten sich da erst durchhangeln, bevor dann mal irgendwann die Erde kam. Und da die schon immer schlecht war (aufgeschütteter Bauschutt vom Haus) ist auch der Rasen nie gut gewesen.

Und was mir völlig neu war ist, wie lustig das alte Gras und die Unkräuter unten drunter einfach weiter wachsen. Sie sind zwar ganz weiß, weil ihnen das Sonnenlicht fehlt, aber sie wachsen stur weiter und graben sich ihren Weg wieder durch nach oben ans Licht.

Ich musste sofort an alte Gefühle denken, als ich das zum ersten Mal mit Erstaunen sah. Einfach nur zudecken hilft gar nichts. Die wachsen mitunter genauso stur und auch ohne Sonnenlicht weiter. Wenn man sie hingegen vorher umgräbt (entwurzelt) und einen neuen reichhaltigen Nährboden drauf gibt, bevor man neue Gefühle kultiviert, dann ist Schluss mit dem alten Kram, dann kommt nichts mehr durch. Höchstens hie und da mal ein kraftloses Einzelpflänzchen, das nicht weiter gefährlich ist.

Was wir daher in diesem Buch erreichen wollen ist a) die alten Gefühle entwurzeln, und zwar auf einfache Weise, b) den Boden für neue bereiten und c) diese neuen wünschenswerten Gefühle anpflanzen und kultivieren. Und natürlich schauen wir uns ausgiebig an, welchen Beitrag Gefühle zum Erschaffen unserer Realität beitragen und wie wir dies nutzen können. Da wir all das aber nicht erreichen können, wenn wir nur wieder allerlei Gedanken im Kopf wälzen, ist ein wichtiger Teil das Kommunizieren mit dem eigenen Herzen, den dort verborgenen Gefühlen und unseren wirklichen Herzenswünschen. Gefühlen begegnen wir einfach eher im Herzen als im Kopf.

Wir haben uns bei diesem Buch für den Titel »Fühle mit dem Herzen – und du wirst deinem Leben begegnen« entschieden. Denn zum einen formen Gefühle die Energie und tragen zu unserer Schöpferkraft bei, zum anderen lassen sie aber auch das ganze Leben in einer schillernden Farbenpracht erscheinen, wo reines Kopfdenken uns nur schwarz-weiß präsentiert. Und wirkliches Leben bedeutet natürlich in Farbe und nicht nur schwarz-weiß zu sehen, zu erleben und zu spüren.

»Gut fühl und spür im Herzen« ist daher ein Motto dieses Buches und es bedeutet: »Schau dich jetzt in diesem Moment um und lenke deine Aufmerksamkeit auf dein Herz und von dort auf irgendetwas im Raum, was dir ein gutes Gefühl verursacht und genieße das gute Gefühl so lange wie möglich.«

In diesem Sinne »Gut fühl« beim Weiterlesen.

ZUSAMMENFASSUNG:
Einfach nur »Deckel drauf« und verdrängen hilft nicht bei der Bewältigung alter Gefühle. »Entwurzeln, umgraben und Neues säen aus dem Herzen heraus« lauten die Gebote der Stunde.

Gedanken erzeugen Gefühle

Dass Gefühle eine Art zusammengefasster Gedanken sind, auch wenn sie möglicherweise nicht nur das sind, fiel mir (Bärbel) das erste Mal vor vielen Jahren auf. Damals war ich allem esoterischen Gedankengut gegenüber noch äußerst unaufgeschlossen. Ich stand in einer Warteschlange an der Kasse zu irgendeiner Veranstaltung an. Vor mir stand ein anderes junges Mädchen, so wie ich damals auch eines war. Mir fiel sofort auf, dass sie auf der einen Seite einen ungeheuren Buckel hatte. Ich vermutete eine schwere Skoliose, da eine meiner engeren Schulfreundinnen auch eine hatte und immer mit einem Korsett herumlief, um nicht ebenfalls solch einen Buckel zu bekommen.

Das Mädchen vor mir hatte wirklich einen starken Buckel. Ich fragte mich, wie man sich fühlt, wenn man mit so etwas herumlaufen muss. Plötzlich fing sie an sich mit ihrer Freundin zu unterhalten und wandte sich dabei dieser zu. Sie stand nun genau im 90 Grad Winkel vor mir und ich konnte ihr Gesicht bestens sehen. »Komisch«, dachte ich mir sofort. »Ihr Gesicht sieht gar nicht so aus, als hätte sie einen Buckel. Sie sieht nicht so aus, als würde sie sich so fühlen, wie man sich fühlen müsste, wenn man so einen Buckel hat«, sinnierte ich weiter.

Als Nächstes fragte ich mich aber sofort, wieso ich annahm, dem Gesicht ansehen zu können, was der betreffende Mensch für ein Grundlebensgefühl hatte. Ich studierte ihre Augen und Züge genauestens und kam nicht drauf. Mir war nur klar, dass sie »irgendwie« ein Lebensgefühl von sorgenfreier Gelassenheit ausstrahlte. Sie konnte ei-gentlich keinen Buckel haben.

»Hhhm«, überlegte ich damals weiter. »Vielleicht hat sie sich nur verletzt beim Sport oder so und trägt nun einen riesengroßen Verband an dieser Stelle und unter der Winterjacke sieht es aus wie ein Buckel.« Ich studierte das Gesicht erneut und befand, dass sie auch nicht gucken würde wie jemand, der kürzlich Schmerzen erlitten oder einen Unfall gehabt hätte. Gleichzeitig erklärte ich mich selbst für verrückt, wie ich denn das dem Gesicht ansehen wollte. Es war ein Gefühl, das ich hatte, wenn ich ihre Züge studierte. Ich fühlte, fühlte und fühlte und seufzte laut auf, weil ich das Rätsel nicht klären konnte. In dem Augenblick arrangierte sie ihren Schal neu. Und was ich dabei erspähte war, dass sie eine Kapuze an ihrer Jacke hatte. Sie hatte die Jacke aber offensichtlich völlig achtlos übergeworfen und die Kapuze war so innen unter der Jacke gelandet, dass sie auf einer Seite einen dicken Knuddel ergab, der aussah wie ein Buckel. Sie hatte tatsächlich weder einen Buckel noch einen riesigen Verband, sondern nur eine schlampig angezogene Winterjacke.

Ich habe die folgende Veranstaltung kaum genossen, da ich die ganze Zeit darüber nachgrübelte, wie es sein konnte, dass ich ihr das angesehen hatte. Als Skeptiker, der ich damals generell noch war, machte mir so etwas schon zu schaffen.

Die heutige Wissenschaft hat inzwischen ein paar Erklärungsansätze zu bieten. Sie heißen Spiegelneuronen. Kurz gesagt haben die Forscher herausgefunden, dass unser Unterbewusstsein in der Lage ist, kleinste Regungen, Mimik, Körpersprache und Tonfall der Stimme zu einem Gesamtbild zusammenzusetzen und sodann das Gefühl, das der andere gerade hat, im eigenen Körper zu simulieren.

Angenommen mein Gegenüber ist traurig, tut aber ganz fröhlich, dann analysiert irgendetwas in mir das wahre Gefühl meines Gegenübers und meine Spiegelneuronen senden die gleichen Signale, als wäre ich selbst traurig. Mit anderen Worten: Ich fühle in mir, wie der andere sich fühlt.

Leider gab es in meiner Jugend noch keine Kenntnisse von Spiegelneuronen und ich war einfach nur verwundert. Damals bin ich bei meiner Selbstanalyse zu dem Ergebnis gekommen, dass etwas in mir die Gesamtperson vor mir genau gescannt hat und dann deren Lebensgefühl für mich nachfühlbar gemacht hat. Und mein Unterbewusstsein wusste offenbar aufgrund meiner immerhin schon ein paar Jahre vorhandenen Lebenserfahrung, dass da etwas nicht zusammenpasste und dass gehandicapte Menschen normalerweise eine andere Ausstrahlung haben. Meine damalige Schulfreundin war da sicherlich mein bestes Beispiel, das ich offenbar verinnerlicht hatte. Und beim Weitergrübeln kam ich schließlich zu dem Schluss, dass Gefühle eine Art zusammengefasster Gedanken sind. Ganz viele Gedanken und Eindrücke unterschiedlichster Art fasst unser Unterbewusstsein offenbar irgendwann als ein Gefühl zusammen. Das ist seine Art Platz zu sparen. Und dieses Gefühl passte nicht zu dem, was das Mädchen in der Warteschlange vor mir ausstrahlte. Ohne die Eindrücke wieder in einzelne Gedanken aufsplitten zu müssen, meldete mir das Gefühl quasi die Gesamtanalyse: Hier passt was nicht zusammen!

Es ist somit eine Kunst für sich, die eigenen Gefühle genau wahrzunehmen und einordnen zu können. Sie sind die Basis unserer Intuition und unser Navigationssystem durchs Leben. Wenn wir uns von unseren Gefühlen abschneiden, verfehlen wir dauernd unser Wunschziel, weil wir die Stimme der inneren Navigation immer unschärfer wahrnehmen. Gefühl ist gleich »Stimme der Navigation«. Wenn ich mich von meinen Gefühlen abschneide, vor ihnen weglaufe oder sie verdränge, schneide ich mich zugleich von der Navigation ab.

Um unseren Wunschzielen im Leben wieder näher kommen zu können, müssen wir daher unsere Gefühle genauestens erkunden, damit wir die Stimme unserer inneren Navigation wieder besser hören können.

Andererseits sind aber Gefühle auch nicht absolut oder »schlauer als wir«, denn wir erzeugen sie ja selbst. Sie sind unsere zusammengefassten Gedanken.

Wenn ich mich daher ständig in selbstmitleidigen Gedanken suhle, dann hat das nichts mit »ich lerne meine Navigation besser kennen« zu tun, sondern es bedeutet, dass ich als Ziel in meine Navigation »Probleme, schlechte Stimmung, Mangel, Krankheit, Getrenntsein« eingegeben habe. Gefühle sind Navigation und Wunschzusammenfassung gleichzeitig. Das macht es ein bisschen verwirrend!

Aktuelle Gefühle, die im Moment entstehen, sind wie

die Stimme unserer Navigation, die uns sagen will, wo es langgeht. Unser Grundlebensgefühl dagegen ist das Ziel, auf das unsere innere Navigation zusteuert.

Bei den aktuell entstehenden Gefühlen zeigt uns unser Wohlfühlgefühl den Weg, wo es langgeht, was uns gut tut und was nicht. Das Ziel ist aber immer eines, das sich aus unseren sich häufig wiederholenden Gefühlen ergibt. Gefühle von Getrenntsein führen uns tiefer in die Einsamkeit hinein, auch wenn wir uns rein mental Zweisamkeit wünschen. Universumsbesteller kennen das: Wenn ich mir etwas beim Universum bestelle (Zweisamkeit) und kann dies nicht wenigstens ansatzweise mit einem vertrauensvollen Gefühl tun, wenn stattdessen permanente Mangelgefühle und Sorgen überwiegen, dann kann ich meist lange warten. Und wenn geliefert wird, dann hat die Lieferung stets einen Haken.

Auf die Gefühle zu achten ist im Grunde eine Weiterentwicklung des Loslassens beim Bestellen. Denn das Einzige, was ich wirklich loslassen muss, sind die Sorgen, Zweifel und Mangelgefühle. Gefühle von vertrauensvoller Vorfreude brauche ich natürlich nicht loszulassen, die stören nie, im Gegenteil. Sie ziehen das Gewünschte sogartig in mein Leben.

Eigentlich hätten wir das Buch daher auch »Loslassen für Fortgeschrittene« nennen können. Denn das kommt am Schluss auf das mehr oder minder Gleiche raus.

Zurück zum Mangelgefühl in der Einsamkeit von weiter oben. Es ist also so, als würde das Gefühl des Getrenntseins automatisch zum Ziel, das wir in unsere Navigation eingeben, und dann lenken unsere Gefühle uns genau da immer tiefer hinein. Wie das? Nehmen wir ein einfaches

Beispiel:
Jemand fühlt sich einsam und alleine und getrennt von allem. Dieses Gefühl ist sein Grundlebensgefühl. Nun kommt ein fröhlicher netter Mensch auf denjenigen zu und ist gewillt Kontakt aufzunehmen. Dann findet ein Mensch mit dem unbewussten Ziel »einsam bleiben« in der Navigation so einen Menschen automatisch abstoßend. Er hat Angst vor ihm und findet die penetrante Fröhlichkeit geradezu verdächtig. Das kann doch nicht echt sein?! Also vergrault er diesen Menschen so schnell es geht. Kontakt aufnehmen geht dann nur mit Menschen, die genauso melancholisch und schlecht gelaunt sind wie man selber. Zwei Nervensägen auf einem Haufen sind beide gut darin sich gegenseitig zu nerven, und schon sägen sie die frisch geknüpften Bande gleich wieder entzwei. Unbewusstes Programmziel erreicht: Beide sind wieder einsam.

Wohingegen ein Mensch mit einem Grundlebensgefühl von Geborgenheit und Verbundensein überall mit Leichtigkeit in positive soziale Kontakte hineingerät. Man kann deshalb die Aspekte »Wegweiser, Navigation und automatische Zieleingabe in die Navigation« auch als Gesetz der Anziehung betrachten. Aber dazu kommen wir ein Stückchen später noch genauer.

Was viele nicht wissen ist, dass unsere Gefühlsnavigation in zwei Richtungen funktioniert. Entscheidungen auf Grund von negativen Gefühlen navigieren uns nämlich meistens weiter weg von dem, was wir im Leben haben wollen. Und Entscheidungen aufgrund von positiven Gefühlen bringen uns näher ran an das Gewünschte.

Hier ist natürlich Verstandeseinsatz erwünscht. Wenn wir im Verkehr fast überfahren werden, ist die Entscheidung aus Angst wegzurennen sicherlich gut. Ich meine weniger akute Situationen, so wie diese hier:

Nehmen wir zwei Kollegen, die beide die gleiche Tätigkeit innerhalb einer Firma ausführen. Der eine hasst den Job, ihn nerven alle Kollegen, er findet den Chef unerträglich und er will unbedingt weg und einen besseren Job finden. Kollege zwei ist dankbar, dass er diesen Job hat und dass er ihm eine sichere Basis für seinen Lebensunterhalt gibt. Er macht das Beste aus dem Job, sieht die guten Seiten in seinen Kollegen und versteht die Probleme des Chefs. Auf einmal hört er von einer neuen Jobmöglichkeit, die ihn interessiert und inspiriert. Er ist neugierig darauf und ein Wunsch nach Veränderung entsteht in ihm.

Der Zufall will es, dass beide Kollegen dieselbe Stelle in der Zeitung entdeckt haben und beide zum Vorstellungsgespräch in der neuen Firma vorsprechen. Ihre Vorkenntnisse sind identisch. Sie sind beide gleichermaßen für den neuen Job geeignet. Wenn der neue Boss eine einigermaßen funktionierende Intuition hat, wem wird er wohl den Job geben? Dem, der aus Frust weg will, oder dem, der sich aus Freude an einer neuen Idee verändern will?

Das Universum funktioniert nach den gleichen Gesetzen wie der neue Chef (außer der ist selber frustriert und resoniert besonders mit Frustrierten).

Es findet die Schwingung der Freude attraktiver und darum bietet es Menschen mit dieser Schwingung mehr Gelegenheiten an.

Dir bietet fast nie im Leben einer einen Job an, weil er Mitleid mit deinem Dauerfrust hat. Dir bieten nahezu immer nur Menschen einen Job an, die ein positives Potenzial in dir sehen und diesem gerne eine Chance geben würden.

In dem Film »What the bleep do we know« (www.bleep. de) berichteten Wissenschaftler, dass der bewusste Verstand 40 Bits pro Sekunde verarbeitet und das Unterbewusstsein 40 Millionen Bits pro Sekunde. Im Vergleich zum Gesamtsystem der menschlichen Wahrnehmung, inklusive aller inneren Prozesse, weiß unser Verstand also fast nichts. Zugang zum unbewussten Wissen können wir nicht über den Verstand, aber über unsere Gefühle bekommen. Ein Gefühl kann ein Paket von schier unendlich vielen Einzeleindrücken und Gedanken zusammenfassen, indem es signalisiert: »gut, schlecht, Trauer, Freude, tut mir gut oder nicht.«
Unsere Gefühle navigieren uns durchs Leben. Folge dem Wohlfühlgefühl und du folgst dem Weg zu dir selbst und deinem höchsten Potenzial.
Unsere innere Navigation hat aber auch eine automatische Zieleingabe. Sich wiederholende Gedankenmuster werden wiederum als Gefühl zusammengefasst und genau diesem Gefühl folgen wir unbewusst wie einem geheimen Ziel und: »Zweifellos werden wir zu dem, was wir uns vorstellen, zu sein.« (M. Bristol)

Beispiele:
• Fühle dich ungeliebt und du wirst ungeliebt sein.
• Fühle dich als Opfer und du wirst es immer wieder neu sein und werden.

- Fühle dich benachteiligt und du wirst von allen benachteiligt werden.

Das ist nicht ungerecht, sondern ein Naturgesetz. Wie geht es dir, wenn ein Mensch mit kriecherischer Bücklingshaltung bei dir vorspricht und jeden Satz mit den Worten beginnt: »Ich weiß, auch Sie werden mir nicht geben, was mir zusteht …« Wie viel Lust hast du, so jemandem, egal was, zu geben? Niemand hat Lust und das Leben auch nicht. Dem Leben brauchst du es so deutlich auch nicht zu sagen. Es spürt dein Grundlebensgefühl und liefert dir mehr von dem, was du sowieso schon fühlst, weil es davon ausgeht, dass es das ist, was du haben möchtest!!!

Mit anderen Worten, je öfter du jammerst und dich schlecht fühlst, desto mehr wird es nächste Woche zu jammern geben! Das Leben sagt zu dir: »Schau, ich gebe dir alles, was du willst, aber ich kenne keine Worte und Buchstaben. Ich kenne nur Gedankenformen, innere Bilder und Gefühle. Am besten sind Gefühle, denn sie fassen alle deine Gedanken in einer Form zusammen. Oder klare Gedanken, die einfach und deutlich für sich stehen, ohne von widersprüchlichen Gefühlen ausradiert zu werden …« Jedes Gefühl, das du regelmäßig hast, kommt einem Dauerabonnement ans Universum gleich!

ZUSAMMENFASSUNG:
Aktuelle Gefühle, die im Moment entstehen, sind wie die Stimme unserer Navigation, die uns sagen will, wo es langgeht.
Unser Grundlebensgefühl dagegen ist das Ziel, auf das unsere innere Navigation zusteuert.

Nur wer die Herzen bewegt, bewegt die Welt

Der Verstand ist in erster Linie dazu da zu entscheiden, was wir erschaffen wollen. Also zum Beispiel, um klar zu formulieren, was wir beim Universum bestellen wollen.

Um das Gewünschte sogartig in unser Leben zu ziehen, ist nicht der Verstand zuständig. Der Verstand kann keinen Sog erzeugen. Das kann nur das Gefühl! Das kannst du vermutlich leicht nachvollziehen:

Ein Redner, der nur logisch, sachlich argumentiert und keinerlei Emotionen beim Publikum auslöst, schläfert das Publikum tendenziell eher ein. Er wird schnell vergessen und er löst wenig nachfolgende Handlungswünsche beim Publikum aus. Vermutlich wird ihn auch kaum einer weiterempfehlen. Das ist in der Musik ganz genauso: Wenn einer nur technisch perfekt spielt, aber kein Gefühl mit der Musik kommuniziert, dann ist auch allen langweilig. Nur wer die Herzen bewegt, bewegt die Welt.

Und mit dem Universum ist es grad genauso. Wenn ich ihm emotionslos Informationen der »Bestellungen« rüberschiebe, löse ich wenig »universelle Handlungsbereitschaft« aus. Da geht es dann selbst beim Universum bürokratisch und langsam voran.

Stellen wir uns einen Redner vor, der den gleichen Vortrag so rüberbringt, dass er Wellen und Berge von Gefühlen mitkommuniziert. Dann hat er im Extremfall stehende Ovationen und die Leute rennen raus und das Gefühl, das sie erreicht hat, will sich ausdrücken. Entweder müssen sie sofort jemandem davon erzählen oder sie singen, pfeifen, tanzen oder überlegen sich, wie sie selbst zum Gesagten etwas beitragen können. Genauso ist es bei einem berührenden Konzert, dass das Gefühl sich in unserer Gangart auf dem Nachhauseweg, in unseren Gesprächen nach dem Konzert und in unseren Träumen ausdrückt. Was uns berührt, das zieht auf die eine oder andere Weise Kreise. Und wer die Menschen berührt, Referent oder Musiker egal, hat eine sogartige Wirkung aufs Publikum. Je mehr ein Mensch die Herzen bewegt, desto weniger Werbung muss er machen. Die Mund-zu-Mund-Propaganda beschert ihm immer ein volles Haus. Das Gefühl, das der Referent aussendet, erzeugt einen Sog.

Und da wir in einer All-Einheit leben und das Universum, in dem wir leben, letztlich selber sind (Quantenphysik etc.) funktioniert es da ganz genauso. Das Universum reagiert ganz ähnlich wie unsere Mitmenschen, weil die Mitmenschen nach denselben Gesetzen aufgebaut sind wie das Universum. Alles ist eins und für alle und alles gelten die gleichen Gesetze.

Wenn du das Universum bewegen willst, musst du es mit deinem Gefühl erreichen. Du musst eine Mund-zu-Mund-Propaganda bei allen himmlischen Energiewesen auslösen, so dass die alle sogartig gerannt kommen und unbedingt dazu beitragen wollen, das zu manifestieren, was du dir ausgesucht hast.

Jetzt könnte man natürlich fragen: »Was? Ist das Universum etwa so kleinlich, dass es sich seine Günstlinge aussucht? Ich dachte, in der All-Einheit werden alle gleichermaßen geliebt?« Das ist auch so. Die Sonne ist ein gutes Bild dafür. Wenn sie scheint, dann scheint sie auf alle gleichermaßen. Sie macht keinen Unterschied zwischen gut und böse, würdig oder unwürdig. Sie scheint einfach. Und zwar immer, egal ob sie gerade bei dir sichtbar ist oder es bewölkt ist oder Nacht. Du kannst aber entscheiden, ob du die »Sonne im Herzen« trägst.

Genauso wenig hört die Kraft des Universums auf zu existieren, nur weil du sie nicht wahrnimmst. Du entscheidest, ob du diese Urkraft im Herzen trägst und nützt, egal was kommt. Die Sonne oder Urkraft im Herzen zu tragen kann man auch mit Zuversichtlichsein beschreiben.

Zuversichtliche Menschen sind gesünder und leben länger. Das weiß auch die Wissenschaft. Ohne Zuversicht wären weder das Rad noch die Glühbirne noch sonst was erfunden worden. Ohne Zuversicht würde keiner je irgendetwas wagen und nichts Neues würde entstehen. Zuversichtliche Menschen finden auch leichter Freunde und neue Partner, sie finden leichter Arbeitsstellen und neue Wohnungen. Zuversicht strahlt aus und steckt an. Andere Menschen und das Universum genauso. Das ist das sogenannte Gesetz der Anziehung. »Gleich und Gleich gesellt sich gern«, sagt der Volksmund dazu. Zuversichtliche Menschen haben eine sogartig positive Wirkung auf andere und auf die universelle Urkraft. Zuversicht ist, wenn im ganzen Universum inklusive aller »universellen Lieferboten« die Kunde umgeht, dass es sich lohnt dich zu beliefern, weil du jemand bist, der Gelegenheiten ergreift und das Beste daraus macht.

Zuversicht ist ein Gefühl.
Und es ist trainierbar.
Für jeden.
Das ist die Gleichbehandlung des Universums von allen, es ist die Sonne, die überall scheint, aber du musst sie nutzen.

Sogartig das Negative anziehen

Ja ja, das gibt es leider auch. Wobei das viel anstrengender ist, als sogartig das Positive anzuziehen. Am besten gefällt mir die Erklärung von Michael Aivanhov dazu, die ich schon in »Reklamationen beim Universum« beschrieben habe, dass alles, was ist, aus Licht besteht: Die Materie (da stimmen moderne Quantenphysiker ja zu), aber genauso Situationen und Gefühle und Gedanken. Licht ist der Baustein von allem. Und je mehr Licht ein Gedanke und ein Gefühl enthalten, desto mehr Baumaterial enthalten sie. Düstere Gedanken enthalten wenig Licht und damit wenig Baumaterial. Deswegen erfordert es viel mehr Einsatz, einen düsteren Gedanken zum Manifestieren zu bringen als einen lichtvollen. Aber da das Gefühl den eigentlichen Sog erzeugt, macht es sich irgendwann bemerkbar, wenn man sehr massiv und mit viel Emotion das Böse fürchtet oder wenn man Angst, Misere, Leid und Schmerz für realer hält als Glück, Freude, Freiheit und Liebe.

Zusammenfassung:

Der Geist entscheidet, was er erschaffen will.

Das Gefühl ist das, was den Sog erzeugt. Es bewirkt eine Art Mund-zu-Mund-Propaganda im ganzen Universum und zieht alles das an, was zur Schwingung deines Gefühls passt. Dein Gefühl bewegt das Universum, so wie es auch deine Mitmenschen bewegt. Niemand reagiert auf bloße Worte. Wir reagieren immer auf das Gefühl dahinter, das mitkommuniziert wird. Das Universum macht es genauso.

Die Sonne scheint auf alle gleich. Jeder entscheidet selbst, ob er sich in den Schatten oder in den Sonnenschein stellt. Das heißt, jeder hat den gleichen Zugang zur Energie der Urkraft. Wer die Herzen bewegt, bewegt die Welt und das Universum!

Alte Gefühle überschreiben

Warum ist das Unterbewusstsein manchmal so träge im Ändern des Lebenskurses? Weil es so groß ist, darum. Unbewusst verarbeiten wir, wie weiter oben schon erwähnt, etwa eine Million Mal mehr Informationen pro Sekunde als bewusst.

Stell dir ein kleines Motorboot in der Antarktis vor. Der Bootsfahrer sieht einen Eisberg vor sich auftauchen. Was macht er? Er umfährt ihn mit einem eleganten kleinen Schlenker, kein Problem. Nun stellen wir uns einen Riesentanker vor. Plötzlich taucht vor ihm ein Eisberg auf. Der Kapitän meldet Alarm und betätigt das Steuerrad. Die Information wird übertragen auf das Ruder. Träge und langsam setzt sich das riesige Ruder in Bewegung und bis der ganze Tanker in voller Länge seinen Kurs geändert hat, ist das Schiff schon in diesen Eisberg und drei weitere hineingefahren. Ein kleines Schiff ist flexibel und schnell und kann in Sekunden seinen Kurs völlig verändern oder komplett ab- oder umdrehen. Ein fetter Riesentanker ist unflexibel und extrem langsam in Kurskorrekturen. Es dauert viele Minuten, bis er auch nur kleine Richtungsänderungen vorgenommen hat.

Das System Mensch mit seinen 40 Millionen Bits an Informationen, die pro Sekunde verarbeitet werden, kommt einem trägen Tanker gleich, der sich schwer tut, in Sekundenschnelle Kurskorrekturen vorzunehmen.

Außer, und hier kommt der Unterschied zwischen einem Menschen und einem Tanker: Außer das gesamte System Mensch mit seinen unzähligen Zellen und den vielen Millionen Bits an Informationen verschmilzt aufgrund starker gefühlsmäßiger Beteiligung für einen Moment zu einer Einheit. Wenn das geschieht und der Mensch für eine Sekunde vom großen Zeh über Herz und Geist bis hin zu den Haarspitzen eins und wach aufnahmebereit ist, dann ist das um den Eisberg Herumlenken in Sekunden plötzlich möglich.

Das Gefühl kann aus jedem trägen Tanker ein wendiges Motorboot machen. Das richtige Gefühl kann auch ratzfatz ganze Bereiche der menschlichen Festplatte Unterbewusstsein neu formatieren und überschreiben. Es erreicht einfach viel weitere Teile und überschreibt Zusammenhänge, an die man mit dem Verstand niemals alle auf einmal denken kann.

Ich erinnere mich an ein Ehepaar, bei dem die Ehefrau zu extremen Wutanfällen tendierte. Sie konnte schreien und toben und dabei das halbe Mobiliar zerschmettern vor Wut. Das schien ein unlöschbares Dauerprogramm von ihr zu sein, bis zu dem Tag, an dem der Ehemann das richtige Gefühl zum Neuformatieren erwischte: Es war mal wieder so weit und sie tobte in der Küche und zerschmiss in ihrem Ärger eine Menge Geschirr. Er kam ganz ruhig in die Küche nach und sagte: »Ich habe bei unserer Hochzeit versprochen dich zu lieben, so wie du bist. Ich schätze, ich muss auch das lieben.« Sie hielt augenblicklich inne, starr vor Staunen und völlig platt. Das hatte gesessen. Und es war das Ende aller extremen Wutanfälle bei ihr. Einmal die richtige Bemerkung und sie war fertig damit. Klar konnte sie noch ein bisschen wütend werden, aber viel gemäßigter und sie zerstörte nie wieder etwas dabei.

Daran sehen wir, wie wichtig Gefühle sind. Gefühle verbinden und können Einheit herstellen. Verbundenheit, Einheit, Geborgenheit, Zusammengehörigkeit lassen sich nicht herdiskutieren, sondern sie basieren auf einem Gefühl. Genau diese Qualitäten brauchen wir aber, damit Frieden und Kooperationsbereitschaft in Gruppen und Teams im Job und Privat herrschen. Und wir brauchen sie genauso, damit Frieden und Kooperationsbereitschaft zwischen allen Körperzellen und unserem Bewusstsein oder zwischen unserem Unterbewusstsein und unserem Bewusstsein herrschen. Ohne die Gefühle zu erreichen kommen wir nicht voran.

Wie machen wir das, die Gefühle zu erreichen? Es gibt viele Möglichkeiten und es ist egal, wie klitzeklein wir anfangen, jeder Anfang und jede Absicht wird sich ausbreiten und wachsen. Wir können damit beginnen unsere innere Kommunikation zu ändern und mittels sich wiederholender Gedankenmuster unsere Gefühlsmuster Stück für Stück zu überschreiben. Statt zu denken: »Mich nervt der alte Kochtopf, immer brennt alles an«, kann ich meine innere Kommunikation ändern in: »Ich liebe den alten Kochtopf, er ist originell.« Zunächst spürt man gar nichts dabei und man denkt, es nutzt nichts. Aber wenn wir wirklich die Absicht haben liebevoller zu werden, dann beginnen sich die Dinge zu ändern. Auf einmal schenkt dir jemand einen supertollen neuen Kochtopf und plötzlich stellst du fest, dass dir fast unmerklich der alte Kochtopf tatsächlich ans Herz gewachsen ist. Du magst ihn nun nicht mehr wegwerfen und setzt ihn stattdessen als Übertopf für ein hübsches Blümchen im Wintergarten ein.

Oder du hast dazu tendiert immer wieder besonders deutlich die schlechten Eigenschaften an deinem Partner wahrzunehmen. »Wieso zieht der immer so dämlich die Nase kraus, wenn er was von mir will? So ein Dussel.« Neue Absicht, neue Formulierung: »Ich liebe es, wie er immer so unbeholfen die Nase krauszieht.« Zuerst spürst du nichts. Aber Stück für Stück überschreibst du das Gefühl von genervt sein. Und auf einmal stellst du fest, dass du es nur noch ganz selten wahrnimmst, wenn er die Nase kraus zieht. Irgendwie ist es aus deinem Bewusstsein verschwunden. Stattdessen durchläuft dich immer öfter ein wohliger Schauer, wenn du daran denkst, wie wunderbar kooperativ dein Partner ist. Und vielleicht hast du dann schon vergessen, dass er das noch vor wenigen Monaten eigentlich gar nicht so sehr war. Das Gefühl von Einheit ist einfach stärker geworden in eurer Beziehung. Und es hat mit einer kleinen neuen Absicht begonnen, der du am Anfang nicht viel Veränderungskraft zugetraut hast, weil du Null-Komma-Null gespürt hast. Aber schleichend kam die Veränderung doch.

Je mehr du solche Dinge praktizierst, desto mehr kommst du in deine Kraft und dein Gefühl und desto eher stehen dir im richtigen Moment Gefühle zur Verfügung, die auch die Macht haben können, eine Situation ein für alle Mal positiv zu verändern.

Auch auf der rein körperlichen Ebene sind solche Übungen sinnvoll, denn:

Negative Gefühle stören den Stoffwechsel, schwächen das Immunsystem, machen uns lust- und energielos und wir reagieren viel empfindlicher auf Stress, weil negative Gedanken und Gefühle schon von ganz alleine Stresshormone produzieren. Jeder Stress von außen ist dann zusätzlicher Stress.

Positive Gefühle können die Wirkungen der negativen innerhalb von Sekunden auslöschen und umdrehen. Das ist wie bei einem Schüler einer staatlichen Schule, der Matheunterricht hasst und sich am Anfang einer Mathedoppelstunde befindet. Irgendwie erlahmen meist alle Lebensgeister und er fühlt sich müde, antriebslos und frustriert und denkt: »Ich kapier ja eh wieder nichts …« Selbst Immunsystem und Stoffwechsel erlahmen, wenn ein Mensch sich derart fühlt.

Plötzlich die Nachricht über den Schullautsprecher: »Die Direktion gibt bekannt: Hitzefrei! Alle Schüler können sofort nach Hause gehen.« Es dauert nur den Bruchteil einer Sekunde und unser vorher völlig lethargischer Matheschüler ist hellwach und hochbegeistert. Warum: Weil er wieder ein positives Gefühl hat. In diesem Moment fahren auch Stoffwechsel, Immunsystem etc. wieder volle Kraft voraus.

Allein schon der Gesundheit zuliebe sollten wir daher auf überwiegend positive Gefühle achten. Denn in den meisten Alltagssituationen haben wir eine Wahl, wie wir uns fühlen wollen. Die vermehrten positiven Gefühle machen uns gesünder, lassen die Intuition besser funktionieren und alles läuft besser.[*]

[*]Weitere Lesetipps: Thomas Klüh »Erfolgsgefühle«, Werner Ablass »Leide nicht, liebe«, Esther und Jerry Hicks »Wunscherfüllung – die 22 Methoden«

ZUSAMMENFASSUNG:

Beginne mit dem Überschreiben von gewohnheitsmäßig schlechten Gefühlen durch positivere Betrachtungsweisen und übernimm Verantwortung dafür, was du tagtäglich und in jedem Augenblick erlebst. Lenke deine Aufmerksamkeit auf liebevolle Betrachtungsweisen.

Auch wenn du manche Änderungen nicht sofort wahrnimmst, so werden sie doch mit einem Mal durchbrechen. So wie bei einem Tankschiff, das Stück für Stück seinen Wendekurs vorbereitet.

Jedes Mal, wenn du dich außerdem vom Scheitel bis zur Sohle von einem positiven Gefühl erfassen lässt, hältst du die Kraft zum Neubeschreiben deiner inneren Muster in den Händen!

Stimmungstiefs überschreiben

Ein besonders günstiges Gefühl beim Manifestieren ist ein Gefühl von spielerischer, kindlicher Leichtigkeit, Selbstverständlichkeit und Freude am Sein. Die Basis, um sich so fühlen zu können, sind die Gefühle Liebe, Freiheit und Wertschätzung. Kinder sind mit diesen Grundgefühlen geboren. Ich habe noch kein Baby gesehen, das seiner Mama coole Grimassen zeigt, wenn diese es liebevoll anlächelt. Babys bringen Wertschätzung, Freude und Liebe automatisch ins Leben mit. Babys haben auch ein Gefühl von Freiheit in sich. Die Freiheit, sich selbst auszudrücken, so wie sie sind und sich gerade fühlen. Kein Baby überlegt, wenn es Hunger hat, ob das jetzt der angemessene Zeitpunkt ist, um Mama zum Füttern zu bewegen. Das Baby drückt seine Bedürfnisse noch frei und ungehemmt aus. Diese Art von innerer Freiheit meine ich. Fangen wir am besten ganz unten an:

Jemand dümpelt in den übelsten Depressionen und kann sich noch nicht einmal vorstellen, dass es Menschen gibt, die sich wirklich frei und fröhlich fühlen. Depressive und Melancholiker mutmaßen mitunter ganz im Ernst, dass jede Art von Freude am Ende doch nur aufgesetzt sein könnte und dass darunter irgendwo der einzig reale Weltschmerz liegen müsste. In so einem Fall könnte man als Erstes für sich definieren, was das »realste noch mögliche positive Lebensgefühl« ist, von dem man gerade noch glauben kann, dass es erreichbar ist. Aufschreiben kann hilfreich sein. Und wenn man das erreicht hat, lassen sich ja eventuell neue Ziele definieren. Wie aber erreiche ich mein Ideal-Lebensgefühl?

Übung 1

Das kann einfacher sein, als du im Moment denkst. Mach dir eine Liste aller möglichen Gefühle, die dir einfallen, von ganz unten bis ganz oben. Von Wut, Ärger, Hass, Trauer über Langeweile, Zufriedenheit, Gelassenheit bis hin zu Euphorie, Leidenschaft, Liebe, Freude und was immer dir einfällt.

Und dann schaust du, welches Gefühl dir im Moment erreichbar scheint, das sich aber trotzdem besser anfühlt als dein gegenwärtiges. Aus der klassischen Therapie weiß man, dass Depressive, die langsam aus der Lethargie erwachen, oft anfangen ärgerlich zu werden und streitlustig. Wenn dir so jemand begegnet, versuch zu verstehen, dass es nicht böse gemeint ist, sondern gönne es demjenigen. Denn relativ zur Depression stellen Ärger und Streitlust eine Verbesserung dar. Wer sich ärgert, fühlt sich besser als jemand, der in Depressionen festhängt. Insofern mein Tipp: Fühl dich nicht persönlich gekränkt, sondern betrachte den Ärger als Selbstschutzmaßnahme deines Gegenübers gegen Depressionen.

Und wenn du derjenige bist, der gerade seine Depressionen loswerden will, und du fühlst erste erfrischende Lebenszeichen in dir, wenn du dich ärgerst, dann lautet mein Tipp: Brüll deinen Chef, Kollegen, Partner oder über wen auch immer du dich ärgerst nicht direkt an, sondern nimm ein dickes Kissen, kleb das Foto oder den Namen des Betreffenden drauf und dann tob dich am Kissen aus. Das ist kein Witz. Wenn du den so verdroschenen Chef eine Stunde später in der Firma triffst, kannst du wahrscheinlich schon wieder lächeln und hast dabei das Gefühl: »Na, dir habe ich es ja heute schon ordentlich gegeben. Dann kann ich jetzt wieder gnädig sein und lächeln …«

Übung 2

Anderes Beispiel: Du hast Angst vor irgendjemandem oder vor einer speziellen Situation und gerätst bei jeder Begegnung völlig aus deiner Mitte. Dann gibt es auch keine Pauschalregel, aber wir können ein bisschen beim NLP (neuro-linguistische Programmierung) abgucken. Das sind die, die in Gedanken alles Störende schrumpfen lassen und das Gewünschte mental verstärken. Wenn man darauf achtet, dass man es auch fühlen kann, ist das eine starke Übung.

Such dir ein Phantasiebild, in dem die Angst machende Person oder Situation Platz hat, in dem die Angst sich aber auflöst. Beispiele:

- Angstmacher Chef sitzt als Marienkäfer auf seinem Schreibtisch und du in Normalgröße vor ihm.
- Du stellst dir die übermächtige Person mit Durchfall vor. Immer wenn sie unfreundlich werden will, drückt es sie und sie muss zum Klo rennen. Manchmal vergisst man, dass alles nur Menschen mit ganz normalen menschlichen Bedürfnissen sind. Eine kleine Erinnerung an die Gleichheit aller Menschen in manchen Bereichen kann beruhigend wirken.
- Wenn du das Gefühl hast ein Außenseiter zu sein, stell dir in Gedanken vor, dass eine kleine Kompanie von zwanzig weiteren Außenseitern dich begleitet. Oder stell dir die Begleitung deiner Mit-Außenseiter-Freunde immer so vor, dass ihr den anderen zahlenmäßig überlegen seid.
- Prüfungsangst: Stell dir vor, dass es eine geheime Sonderprüfung gibt, die neben der Hauptprüfung mitläuft. Wer am entspanntesten während der Prüfung ist, egal wie gut er abschneidet, erhält die meisten Phantasiepunkte in der Sonderprüfung. Oder stell dir dein 10 Jahre älteres Ich vor, das aus der Zukunft gereist kommt und für dich die Prüfung ganz lässig macht, weil es mehr Lebenserfahrung, Wissen und Gelassenheit hat.

Ein Beispiel: Eine Frau wollte gerne ihre Wut auf ihren Exmann loswerden. Jedes Mal, wenn er die Kinder abholte, kochte in ihr die Wut hoch. Ich fragte sie, wenn ihr Ex ein Tier wäre (siehe Tierübung weiter hinten im Buch), welches Tier er dann wäre, und sie meinte etwas verschämt, ihr fiele nur Ratte ein. Dann fragte ich sie, was die Ratte tun müsste, damit es ihr wieder gut ginge, und die Antwort war, in der Kanalisation verschwinden. Ich schlug ihr vor, sich jedes Mal, wenn der Ex vor ihr steht, vorzustellen, er sei eine Kanalratte, die gerade aus der Kanalisation kommt. Ob sie dann noch wütend auf ihn wäre. Sie musste herzhaft lachen und die Antwort war eindeutig nein. Natürlich kann man dieses Spiel auch im Positiven spielen. Ich fragte sie, wie sie sich die ideale Beziehung vorstellen würde, und als sie mir das beschrieben hatte, fragte ich, ob sie sich ein Tier vorstellen könne, das so lebt. Delfine war die Antwort. Also sollte sie sich jeden Morgen vorstellen, sie wäre ein Delfin und jeden Abend sollte sie sich in Gedanken mit ihrem Delfinpartner vergnügt umher schwimmen sehen.

All das sind Hilfsbilder, mit denen wir auf ganz kindliche Weise völlig neue Gefühle erzeugen.

Und es gibt bei diesem Spiel nur eine Regel: Phantasiere so lange herum, bis du ein Bild gefunden hast, das sich gut für dich anfühlt. Schreib es dir auf und visualisiere es jeweils früh morgens und abends vor dem Einschlafen. Deine Gefühle werden sich zum Positiven verändern und du wirst dich stärker und gleichzeitig leichter fühlen.

Wenn du schon weiter oben in der Skala der Gefühle stehst und dein Problem »nur noch« das ist, dass dich nichts so wirklich freut und du dich ein bisschen gefühlstaub fühlst – kein Ärger, keine Depression, nichts Schlimmes, aber eben auch keine wirkliche Freude –, dann wird es immer einfacher. Jetzt brauchst du nur noch in jeder Situation nach Gefühlen Ausschau zu halten, die besser und lebendiger sind, als das gegenwärtige.

- Wenn du ein lachendes Kind siehst, versuch dich in das Kind hineinzuversetzen und die Freude mitzuspüren.
- Wenn du einen eifrig wedelnden Hund siehst, versetz dich in ihn hinein und spür die Freude an der Kraft und der Bewegung.
- Geh häufig in die Natur, umarme Bäume etc. und spür die Verbindung zur Schöpfungskraft in ihnen.
- Halte Ausschau nach den allerkleinsten Kleinigkeiten, für die du dankbar sein könntest und an denen du dich freuen könntest.

ZUSAMMENFASSUNG:
Was ist das »realste«, im Moment gerade noch für dich vorstellbare positive Gefühl? Strebe das an und halte dann nach dem nächst positiveren, nun gerade noch vorstellbaren Gefühl Ausschau. Gehe Schritt für Schritt vor.
Wenn eine Situation oder Person dir starke Probleme bereitet: Finde ein Phantasiebild, mit dem du die Situation oder die Person so veränderst, dass sie harmlos wird.
Beispiel: Gefährliche Chefs oder verhasste Expartner werden harmlos, wenn man sie in Gedanken auf Marienkäfergröße schrumpft.

Das Gesetz der Anziehung

Hast du das schon erlebt? Da passiert dir etwas Unangenehmes im Leben und plötzlich hast du Angst davor, es noch einmal zu erleben. Wenn mich beispielsweise als Kind mal ein Hund gebissen hat, werde ich immer, wenn ich alleine im Park spazieren gehe und ein Hund frei laufend auf mich zukommt, Angst bekommen. Blöd eigentlich, denn heute bin ich vielleicht 1,80 Meter groß und damals nur 80 Zentimeter. Aber sag das mal meiner Angst, wenn ich so eine Person bin.

Angst und überhaupt alle negativen Gefühle wie Wut, Abgelehntsein, Mangelgefühle, Depression usw. sind nicht unabhängig von uns, sondern ein Teil von uns klebt geradezu daran. Und das ist unser Ego. Unser Ego hat nichts Besseres zu tun, als immerzu das Negative zu suchen, um sich wichtig zu machen und um damit gehört zu werden. Und das Ego findet immer etwas. So viel ist sicher. Denn das Ego will nur eins: sich und uns überhöhen. Denn niemand ist so ein armes Schwein wie ich. Und niemand ist andererseits dann auch wieder sooo toll.
Und genau deshalb sind für so viele Menschen nur »negative Nachrichten wirkliche Nachrichten«. Wenn das Ego der Gesamtmenschheit sich verfeinert, wird man das unter anderem daran erkennen, dass mehr positive Nachrichten gehört und gelesen werden. Aber je fetter das Ego, desto

uninteressanter findet es positive Nachrichten und liebt Angst erzeugende.

Das mit der Angst ist aber so eine Sache. Denn sie hat ihre ganz eigene Energie. Und diese Energie ist nicht wirklich konstruktiv. Jedenfalls zieht sie weitere genauso wenig gute Energien an. Wir merken das daran, wenn wir über eine Wiese gehen und ein Hund kommt uns entgegen. Der schnuppert schon von weitem, ob wir Angst haben. Und wenn wir Angst haben, wird er knurren. Und wenn wir noch mehr Angst haben, wird er bellen. Oder sogar beißen. Haben wir es doch gewusst!!! Hunde beißen eben. Das Dumme daran ist nur, wenn wir stattdessen keine Angst gehabt hätten, dann würde der Hund sicher nicht geknurrt haben und schon gar nicht gebissen. Stimmt auch, oder? Aha, was war also entscheidend dafür, was geschehen ist? Unsere Energie! Und die wird geformt von unserem Gefühl.

Jetzt werdet ihr sicher sagen, o.k., aber – das Universum ist doch kein Hund! In gewisser Weise – tut uns leid – doch! Denn es geht davon aus, dass wir das Gesetz der Anziehung kennen und die Angst produzieren, weil wir gerne die Erfahrung machen möchten vom Hund gebissen zu werden. Das Universum wertet nicht. Es guckt uns an, studiert uns genau, wie der Hund, erkennt »Aha, dieser Mensch hat Angst, Angst ist gleich viel Energie, um was geht es eigentlich? Aha, viel Energie ist gerichtet auf gebissen werden; o.k., hier, bitte schön!«

Um von den negativen Gefühlen zu etwas Angenehmerem zu kommen, nehmen wir als nächstes Beispiel das Gefühl der Zielgerichtetheit: »Ich weiß, was ich will.« Fühl dich einmal hinein und stell dir eine Situation vor, in der du genau wusstest, was du wolltest! Stell es dir vor, in allen Einzelheiten. Mal so richtig lange. (Kurze Entspannungspause, du kannst dabei zum Kühlschrank gehen, aufs Klo und die Übung gleichzeitig mitmachen.) Wow! Tolle Energie!

Weißt du, wer so richtig gut darin ist, uns zu zeigen, ob wir in einer guten zielgerichteten Energie sind? Pferde! Vor ein paar Jahren habe ich (Manfred) bei einem Pferdeseminar mitgemacht. Das ging ganz ohne reiten, man ging einfach zum Pferd in die Koppel hinein und schaute, ob das Pferd einem folgte. Wenn man ganz in der Energie von Zielgerichtetheit war, lief einem das Pferd wie magnetisch angezogen hinterher. Und wenn man eben ein bisschen unentschlossen war, schnupperte das Pferd auch nur ein bisschen und ansonsten war derjenige ihm schnurzpiepegal. Bärbels Co-Trainer Dieter von ihren Lebensfreude-Seminaren (er ist jahrzehntelanger Profi und macht zwei Stunden Gastprogramm bei ihr) kam als Gast kurz vorbei während dieses Pferdeseminars. Dieter ist jemand mit, wie es scheint, angeborener Zielgerichtetheit. In Wirklichkeit war auch er mal das absolute Gegenteil davon. Er hat sich diesen kraftvollen Zustand im Laufe der Jahre erarbeitet. Als er jedenfalls zu dem Pferd in die Koppel ging, stand das Pferd auf einmal kerzengerade, nahm Witterung auf und heftete sich wild entschlossen an Dieters Fersen. Es wich ihm nicht mehr von der Seite. Dieter lachte nur und meinte, er würde doch gar nichts machen.

Es ist auch nichts, was man machen kann, man muss es sein. Es ist wirklich faszinierend, das mitzuerleben. Ein Pferd riecht geradezu unsere Power, so wie ein Hund die Angst spürt.

Und auf den Menschen übertragen, gibt es da auch eine Menge Analogien. In Vorstellungsgesprächen entscheidet sich der zukünftige Chef schon nach wenigen Minuten für denjenigen, der den Job bekommen soll. Da hat der Kandidat kaum den Mund zum »Guten Tag« sagen geöffnet und vermutlich bisher nur zugehört bei der Beschreibung der Stelle. Beim Blind Date entscheiden oft die ersten Sekunden, der »erste Blick«, über eine neue Beziehung oder nicht. Erfolgreiche Geschäftsleute entscheiden wichtige Dinge aus dem Bauch und nicht aus dem Kopf. Menschen, die an der Börse nach Gefühl ihre Aktienpakete kaufen und verkaufen, haben oft mehr Erfolg als diejenigen, die alle Börsennachrichten rauf und runter studieren.

Warum ist das so? Weil wir eben mehr sind, als der normale Menschenverstand uns glauben machen will. Aus der Wellentheorie wissen wir, dass sich Wellen gleicher Energie verstärken können. Daher ist es z.B. bei der Bundeswehr beim Marschieren üblich, auf Brücken aus dem Gleichtakt zu gehen, denn sonst könnte die Brücke in Schwingungen geraten, die gefährlich werden könnten. Der Effekt beruht auf der Eigenschwingung der Brücke, und wenn diese Schwingung mit der Schwingung einer marschierenden Gruppe »in Resonanz tritt«, kann sich das gefährlich aufschaukeln. Ähnlich wie hier physikalisch gibt es dieses Prinzip auch in der Esoterik als »Resonanzprinzip«. Es bedeutet, wie beschrieben, dass gleiche Energien in Resonanz treten und sich aufschaukeln und verstärken können. Man könnte auch sagen, gleich und gleich gesellt sich gern, das heißt, es zieht sich an.

Um den Bogen zu unserem Beispiel mit der Angst und

dem beißenden Hund wieder zu schließen: Ist meine Angst vor beißenden Hunden groß genug, dann sucht sie nach einer übereinstimmenden Energie. Es wird also weder ein netter Pudel noch ein sanftmütiger Bernhardiner frei über die Wiese auf mich zulaufen, sondern eher ein ohnehin schon latent gefährlicher Kampfhund.

Habe ich ein Reihenhäuschen und Angst vor Einbrechern, welches Häuschen sucht sich der Einbrecher dann wohl aus?

Habe ich ein Kind und Angst davor, dass es hinfällt, was wird passieren?

Habe ich Angst vor Geldmangel, was wird passieren?

Habe ich Angst den Partner zu verlieren …

Habe ich Angst den Job zu verlieren …

Habe ich Angst vor Krankheit …

ZUSAMMENFASSUNG:

Mein Grundlebensgefühl entscheidet darüber, ob die Hunde, die mir entgegenkommen, knurren oder freundlich wedeln.

Mein Grundlebensgefühl entscheidet darüber, ob Pferde mir folgen oder sich abwenden.

Und Hunde und Pferde sind hier als Analogien gemeint zum ganzen Leben, zu Jobs, Partnern, Geld und Lebenssituationen.

Gedanken erzeugen Gefühle
und Gefühle erzeugen Gedanken

Stell dir vor, du wärst eine Fabrik. Ähnlich wie eine Fabrik nimmst du bestimmte Stoffe auf (Nahrung, Wasser, Luft) und produzierst dabei mit diversen Hilfsmitteln eigene Produkte (Energie, Stoffwechsel, Hormone, Schlagen des Herzens, Lungenbewegung ...). Dabei fallen Abfälle an: Schweiß und andere Ausscheidungen. Das ist aber nur der grobstoffliche, sichtbare Bereich. Denn daneben nimmst du deine Umgebung wahr (Augen, Ohren, alle Sinne), bestimmte Gefühle anderer Menschen, Stimmungen und verarbeitest sie. Und natürlich gibst du anschließend dann auch bestimmte Gedanken und Gefühle wieder an deine Umwelt ab.

Nun bist du aber nicht alleine auf dieser weiten Welt. Es gibt noch ein paar Milliönchen anderer Menschen auf diesem Globus, und was Gefühle und Gedanken angeht, tun wir alle dasselbe: Wir nehmen Gefühle auf und geben auch wieder welche ab. Energetisch gesehen »schwingen« wir in bestimmten Frequenzen, wir nehmen Schwingungen auf und geben Schwingungen wieder ab. Und natürlich beeinflusst uns die Schwingung der anderen Menschen genauso, wie wir die anderen Menschen mit unserer Schwingung beeinflussen. Dabei sind die Menschen in unserer unmittelbaren Umgebung stärker von uns beeinflusst, und natürlich nehmen die uns nahe stehenden Menschen auch stärker unsere Schwingung auf.

Dies zu erkennen zeigt uns unsere Freiheit, aber gleichzeitig auch unsere Verantwortung: Nichts kann mit uns geschehen, was nicht auch in unserem Schwingungsfeld liegen muss. Es muss mit uns zu tun haben, auch wenn wir es auf den ersten Blick nicht verstehen können. Und wir haben jede Freiheit unsere Frequenz zu wählen und durch den freien Willen auch wieder zu verändern und anzuheben. Wir können unsere Umgebung wählen, wir können uns über unsere Gedanken klar werden und wir können uns unsere Gefühle näher ansehen.

Damit kommen wir einen entscheidenden Schritt näher in die Richtung, wer wir wirklich sind: freie, schöpferische, kreierende Geschöpfe! Wenn es uns gelingt, mehr und mehr die Fesseln unserer alten Glaubenssätze zu lösen, dann erkennen wir, dass wir selbst verantwortlich sind für das, was uns umgibt und uns geschieht. Und dass wir die Freiheit haben, all dies zu ändern, mit dem Lenkrad unserer Gedanken und dem Motor unserer Gefühle.

Gedanken erzeugen Gefühle und Gefühle erzeugen Gedanken. Es ist genauso wichtig, sich über sein Ziel klar zu werden und die Gedanken zu ordnen, wie auch sich um den Motor zu kümmern und die nötige emotionale Kraft zu erzielen, um Wünsche zu realisieren. Die Kraft der positiven Gedanken kennenzulernen ist quasi die Basis oder das Fundament, um sich dann den daraus resultierenden Gefühlen zuzuwenden.

Einige Menschen, die sich gerade voller Staunen und Begeisterung mit der ungeheuren Kraft der Gefühle auseinandersetzen, meinen gleich wieder, wir hätten in der

Vergangenheit einen Fehler gemacht, uns mit Mentalkräften zu befassen. Sie vergessen dabei, dass unsere Gedanken ja die Gefühle erzeugen, zumindest einen wichtigen Teil davon. Viele sich wiederholende Gedanken werden schließlich zu einem Gefühl. Sie sind wie eine Art komprimierter Speicherform der Gedanken. Das Gefühl zeigt uns nur zusätzlich an, wie verbunden wir mit der Urkraft in uns sind, und es navigiert uns zu unseren Herzenswünschen. Aber wie stark verbunden wir sind oder nicht, haben wir irgendwann durch häufige Wiederholungen ebenfalls mit Gedanken erzeugt. Gefühle oder Gedanken ist also nicht die Frage: beides gehört zusammen.

Dieser erste Teil des Buches soll vor allem von der Rolle der Gedanken und des Geistes beim Bestellen handeln. Teil zwei befasst sich dann mit der Rolle der Gefühle. Dort soll deshalb auch der Begriff »Gefühl« eingehender betrachtet werden. Im Sprachgebrauch wird »Gefühl« nämlich verwirrenderweise ähnlich wie der Begriff Empfindung, Eindruck und Emotion sehr mehrdeutig verwendet. Weil aber Gefühl im Sprachgebrauch zumeist als Oberbegriff dieser Reihe von Begriffen dient, soll er im ersten Teil dieses Buches weiterhin als Platzhalter für Gefühle und Empfindungen dienen.

Damit schon mal angedeutet wird, was gemeint ist: C. G. Jung hat beispielsweise in diesem Zusammenhang vier Grundfunktionen beim Menschen gefunden und dazu folgende Definition verwendet:

- Empfindung stellt fest, was tatsächlich vorhanden ist
- Denken ermöglicht uns, zu erkennen, was das Vorhandene bedeutet

- Gefühl zeigt uns, was das Vorhandene für uns wert ist
- Intuition lässt uns erspüren, welche Möglichkeiten des Woher und Wohin im gegenwärtig Vorhandenen liegen. (Quelle: C. G. Jung, Gesammelte Werke, Band 6)

Im ersten Moment, wenn ein erster Eindruck einer Sache uns durch unser Gefühl (Jung würde es, wie gesagt, genauer als Empfindung benennen) übermittelt wird, ist dieses Gefühl unmittelbar und unverfälscht: Wie fühle ich mich damit? Wie fühlt sich das an? Da ist noch kein Gedanke, nur das Offensein für den Input: Wie fühlt sich das an? Es ist fast animalisch, ursprünglich. Vielleicht sogar sind Tiere stets in diesem »Wie fühlt sich das an«-Modus, nur wir Menschen haben uns immer mehr in die wertende Gedankenwelt geflüchtet. »Wie fühlt sich das an?«, bringt uns unserer Quelle näher, unserem Ursprung, und was wir dabei fühlen, hat sehr viel mit unserem Selbst zu tun, mit dem, was wir wirklich sind. Es ist der Zustand im Garten Eden, bevor die Schlange der Erkenntnis (nämlich unser Verstand) auf die Bühne getreten ist: Ich fühle es so! Für mich ist es so! Und das ist für jeden Menschen anders, jeder erfährt und fühlt es anders und jeder kann es heute auch anders empfinden als morgen. Neue Gedanken und Bewertungen kommen erst später dazu.

Wenn wir verbunden sind mit unserem Gefühl (mit der aus dem Herzen kommenden reinen Empfindung), sind wir immer im Jetzt. Und das ist sicher der beste Platz, an dem wir sein können. Da ist kein Raum für Kummer von gestern und Sorgen um das Morgen. Jetzt ist es so! Und drei Sekunden später ist es so! Und dann wieder anders und dann wieder anders. Im Gefühl sein ist im Fluss des Lebens sein, den Stecker in die Steckdose stecken, angeschlossen an die Energie sein. Wie ist es? Aha, so! Es ist ein »mit der Quelle verbunden sein«, das uns zeigt: Das fühlt sich gut an, das möchte ich und das fühlt sich schlecht an, das möchte ich eher nicht. Das fühlt sich richtig an, davon möchte ich mehr und das sollte ich machen und tun!

In diesem Herzensgefühl sein ist immer ursprünglich, denn so ein Gefühl ist immer richtig, es entspringt der Quelle unseres unsterblichen Seins. Jetzt fühle ich so! Dieses Gefühl kann zwar unangenehm sein, aber es kann nie falsch sein. Es liefert uns immer ein deutliches Feedback darüber, wo im Leben wir stehen. Da macht es keine Fehler.

Nehmen wir das Beispiel mit dem einsamen Menschen auf Kontaktsuche, der Angst bekommt, sobald er einen fröhlichen, kontaktfreudigen Menschen trifft. Das Gefühl ist nicht falsch oder schlecht, sondern es zeigt demjenigen an, wo er innerlich steht. Es liefert einen genauen Hinweis darauf, was anzuschauen oder zu bearbeiten ist, damit derjenige die gewünschte Gemeinsamkeit dauerhaft für sich erschaffen kann.

Auch wenn die Ampel daher mal rot zeigt, ist die Ampel deswegen nicht schlecht! Sie ist mein Navigationsgerät, mein Radar im Dunkel des Lebens, mein Licht in der Dunkelheit, um mir zu zeigen, was ist und was ich mag und was ich möchte. Erst die Gedanken bewerten etwas als gut oder schlecht. Aber erst im zweiten Schritt, denn im ersten Schritt haben wir dieses Etwas gefühlt, auch wenn uns das meistens gar nicht mehr bewusst ist. Und das ist allein schon ein wichtiger Grund, uns mehr um unsere Gefühle und unsere Feinwahrnehmung zu kümmern! Sie sind unser Zugang zu unserem wahren Selbst, zu unseren Wünschen und unserer Bestimmung. Wenn wir diesen doch sehr schwach gewordenen »Muskel« unseres Gefühls trainieren und immer mehr auf ihn hören, öffnet sich eine neue, unendliche Welt! Über unser Gefühl sind wir mit allem verbunden, mit allen Menschen, mit den Tieren, Pflanzen, mit der Natur, selbst Berge und das Wasser lernen wir zu fühlen. Hinter den ersten Schritten in unser Gefühl entstehen dann das Feingefühl, die Intuition und die Feinwahrnehmung, die uns immer mehr von dem erkennen lassen, was wirklich um uns ist. Bei manchen Menschen entwickelt sich dann aus der Arbeit mit ihrer Wahrnehmung und Intuition eine ganz unerwartete Begabung, sie lernen Aura zu sehen wie unsere Freundin Herta Hirt, die bei Menschen deren Lebensfarben lesen und so deren Begabungen und Berufung erkennen kann. Oder wie bei unserer Freundin Ramona, die plötzlich Krankheiten und Themen in der Aura sehen kann und heute als Heilerin arbeitet. Und wer weiß, was in dir noch alles an unbekannten Schätzen und Begabungen schlummert?

ZUSAMMENFASSUNG:

Wenn wir mehr auf unsere Gefühle achten durch z.B. häufigeres in uns Hineinspüren, lernen wir uns selbst besser kennen und werden authentischer. Wir kommen unserem wahren Wesen wieder näher, indem wir uns selbst spüren, statt uns Verstandeskonzepte darüber zu machen, wer wir sein sollen, können oder dürfen.

Im Gefühl sein ist immer ursprünglich, denn ein Gefühl ist immer richtig, es entspringt der Quelle unseres unsterblichen Seins.

Herzenswünsche
und die Kraft des Nein

Warum sind Herzenswünsche stärker? Ein Herzenswunsch entspringt unserer tiefsten Seele, wenn wir uns tief innerlich fragen: Was möchte ich wirklich? Und dazu braucht es das klare Gefühl: Dieses und jenes, das wünscht sich mein Herz! Dann hat ein Wunsch Kraft. Wenn ich gelernt habe ganz tief in mich hineinzufühlen, dann finde ich etwas in mir, das ganz mit mir selbst verbunden ist. Mein Herz gibt mir dann eine Antwort.

Ein Herzenswunsch ist also stärker als ein reiner Verstandeswunsch, der sehr oberflächlich sein kann. Ein Herzenswunsch entsteht in einer Stimmung unendlicher Liebe und Dankbarkeit für das Universum. Das Gefühl von Liebe und Dankbarkeit hat die höchste Schwingung (das hat auch Masaru Emoto in »Die Botschaft des Wassers« eindrucksvoll an seinen Wasserkristallen zeigen können) und wird in einem Moment ausgesprochen und ausgesandt, in dem ich ganz im Jetzt bin, im Gefühl, und damit auch mit meiner Quelle des Seins verbunden. Auch wenn es nur ein kurzer Moment war, so habe ich doch in dieser zehntel Sekunde mit der ganzen Naivität und Unvoreingenommenheit eines Neugeborenen gewünscht und bestellt, ohne einen Zweifel, nur ganz aufgesogen in einem Gefühl von »wie schööön, das möchte ich jetzt«.

Für einen kurzen Moment entfaltet sich dabei die ganze Schöpfungskraft des Kosmos, denn ich bin verbunden mit der schöpferischen Quelle selbst, der Liebe und Dankbarkeit.

Über das Gefühl kann ich mich verbinden mit dem »Sendekanal der Schöpfung«, ich kann mich einschwingen in einen Moment unendlicher Kraft und Energie. Alles ist möglich, diesen einen kurzen Moment lang. Dieser eine Augenblick ist genug.

Wenn eine Bestellung aber mal nicht so wunderbar funktioniert, dann war es oft kein richtiger Herzenswunsch. Und das hat häufig den Grund, dass ich nicht in der Stimmung der Liebe und Dankbarkeit war, sondern im Gefühl von Mangel. Man könnte auch sagen, ich habe dabei unbewusst etwas bestellt, das ich im Grunde nicht will. Hört sich das komisch an? Mal sehen.

Gehen wir noch mal zurück zum Start und schauen uns noch einmal die Sache mit dem beißenden Hund an: Ich habe Angst davor, dass der Hund mich beißt. Ich bin damit im Mich-beißt-gleich-der-Hund-Modus. Diese Schwingung zieht alle beißenden Hunde auf der Wiese an. Unbewusst liegt dem ein »Wunsch« zu Grunde, der lauten könnte: »Oh nein, wie furchtbar, eine Wiese, hoffentlich kommt jetzt nicht schon wieder so ein frei laufender Kampfhund angerannt.«

Die meisten von uns haben schon gehört, dass wir lieber auf Verneinungen und »nicht« in einer Bestellung verzichten sollten, denn das Unterbewusstsein hört das »nicht« nicht. Es nimmt das Gesamtbild des Gedachten als Aufforderung.

Aber gehen wir mal den Schritt weiter und schauen, was

denn die Aussage »hoffentlich beißt mich nicht schon wieder ein Hund« emotional ausstrahlt: Auf gar keinen Fall und überhaupt gar nicht will ich gebissen werden! Da ist ein klares Gefühl von »Das will ich nicht«, und gefühlsmäßig bin ich nur noch im Modus »Gebissen werden«, denn ich fühle ganz stark, wie es damals war, als ein Hund mich packte und mir weh tat. Es ist also ganz wichtig, ehrlich zu schauen, in welchem Gefühl ich gerade bin, wenn ich etwas wünsche und bestelle.

Ähnlich verhält es sich nun, wenn ich aus einem Mangelgefühl heraus bestelle. Vielleicht habe ich Schulden und brauche unbedingt Geld. Vielleicht bin ich arbeitslos und suche eine Stelle. Vielleicht bin ich allein und suche einen Partner, vielleicht bin ich krank und möchte gesund sein. Bei allen diesen Beispielen laufen wir Gefahr, aus einem Gefühl von Mangel heraus zu kreieren und das hat so gut wie keine Kraft. Gut ist deshalb auch hier ganz anzunehmen, wie es jetzt ist, und dann zu bestellen.

So, wie ein tieftrauriger Komponist keine »Ode an die Freude« komponieren kann, ein schwermütiger Maler kein Bild malen kann, das Leichtigkeit ausdrückt, und ein gerade auf seine Frau wütender Dichter kein wirklich romantisch berührendes Liebesgedicht dichten kann, so kannst du, wenn du schlecht drauf bist, keine positiven Lebensumstände erschaffen!

Egal ob dein Werk ein Musikstück, ein Bild, ein Gedicht oder dein Alltag ist: Dein Gefühl nimmt in jedem deiner Werke Gestalt an!

Beispiel Kindererziehung: Nehmen wir an, eine Mutter sagt zu ihrem kleinen Kind: »Wirf nicht das Glas um!« Das »nicht« wird nicht gehört vom Unterbewusstsein. Der

Satz bewirkt sofort, dass das Kind genau das Bild vom umfallenden Glas im Kopf hat. Es kann gar nicht anders. Wir unterschätzen gerade in der Kindererziehung, wie weit dieser Zwang, genau das zu denken, was wir hören, geht und wie das »nicht« im Satz den Gedanken eher noch verstärkt! Wenn also die Mutter sagt: »Wirf nicht das Glas um!«, nimmt der Gefühlskörper dies als starke Aufforderung, das Glas doch bitte umzuwerfen, denn der Gefühlskörper reagiert auf das innere Bild, das dieser Aufforderung folgt. Das Kind sieht im Geiste das Glas umkippen und genau das wertet das Gefühl als Aufforderung, es so zu machen. Das Kind und sein Gefühl wollen natürlich der Mama alles recht machen und bemühen sich, das Glas alsbald umzuwerfen. Kaum ist dies gelungen – wird das Kind geschimpft oder gar bestraft. Es mag schon sein, dass der Verstand des Kindes das versteht und irgendwie logisch findet. Der Gefühlskörper aber nicht. Dem hat die Mutter ein Bild im Aufforderungstonfall aufgeprägt (umfallendes Glas) und kaum führt das Kind den Wunsch der Mutter brav aus und kippt das Glas um, wird es bestraft.

Das versteht das Gefühl nicht. Es gibt eine Verdrehung im Gefühl, denn Gefühl und Verstand wollen nun etwas komplett Entgegengesetztes.

Lösung: »Lass das Glas stehen. Sei achtsam, damit es stehen bleibt!« Bei dieser Formulierung bleibt die Bedeutung des Gesagten für Verstand und Gefühl gleich und es gibt keine Verdrehung.

An diesem Beispiel kann man ganz einfach nachvollziehen, dass viel mehr das Gefühl als der Verstand erschafft. Und das Gefühl reagiert auf innere Bilder. Die werden zwar u.a. durch Worte ausgelöst, folgen aber subtileren Gesetzmäßigkeiten als der Verstand.

ZUSAMMENFASSUNG:

Zielformulierungen, die ein »nicht« enthalten, können zu einer Verdrehung im Gefühl führen. Denn das Gefühl »hört« nur den Inhalt des inneren Bildes, auf dem du dein Gefühl hast. »Wirf jaaa nicht das Glas um« – klares Bild vom umfallenden Glas aus vergangenen Erfahrungen plus viel Gefühl, kommt im Gefühlskörper der Aufforderung gleich, es doch bitte umzuwerfen. Wenn man dann wütend wird, wenn es umfällt, versteht das Gefühl das nicht, denn es ist ja der Aufforderung nachgekommen! Es fühlt sich verdreht und zieht seine teilweise Schöpferkraft zurück, denn es versteht nicht, was falsch ist.

Die Schwingung unseres Ego

Was wollen wir wirklich im Leben? Glücklich sein und ein schönes Leben führen und dies am liebsten mit allen Menschen um uns herum teilen! Wenn wir nun etwas mehr über die universellen Gesetze von Resonanz und Anziehung wissen, dann ist klar, dass wir sogartig über unsere Ausstrahlung und unsere Grundenergie die Menschen und die Geschehnisse in unser Leben ziehen, die uns und unserer Energie entsprechen. Dies zu erkennen ist gleichbedeutend damit, die Verantwortung für uns voll und ganz zu übernehmen. Es bedeutet auch, die Opferrolle abzugeben und niemandem mehr die Schuld zu geben für die Umstände unseres Lebens: weder den Eltern noch dem Partner, noch den Kindern, noch irgendjemandem. Es bedeutet stattdessen mehr und mehr die schöpferische Kraft in uns zu erkennen und zu lernen, diese Kraft in uns auch nutzbar zu machen und in die richtigen Bahnen zu lenken. Und es bedeutet vor allem die Bereitschaft, an uns zu arbeiten, um unsere Energie zu erhöhen.

Je höher wir schwingen, je mehr Energie wir haben, umso schönere und angenehmere Dinge und Geschehnisse ziehen wir in unser Leben. Je höher wir schwingen, umso häufiger sind wir im Herzen und damit auch in der Lage, Herzenswünsche zu versenden, die auch die Kraft zum Manifestieren haben. Also, frisch ans Werk! Tun wir uns etwas Gutes, denken und vor allem fühlen wir doch öfter positiv und steigern einfach unsere Energie immer mehr!

Doch so einfach ist es dann im praktischen Leben manchmal nicht. Denn wir Menschen haben da ja noch etwas in uns, das unheimlich gern zu uns spricht, um Aufmerksamkeit zu bekommen – und das ist unser Ego. Arbeit an uns bedeutet, das Ego zu verfeinern. Manchmal vergleiche ich es innerlich mit einem Raubtier, das in seine Grenzen gebracht werden möchte, von mir als Dompteur.

Wie weit das Ego verfeinert ist, erkennt man sehr praktisch im täglichen Umgang. Das Ego zeigt sich vor allem im Kritisieren und Hervorheben von Mängeln und Schwächen anderer. Es möchte außerdem für seine Meinung die Anerkennung und Zustimmung anderer erhalten. Das Ego zeigt sich auch in der Tendenz, anderen seine Meinung aufzwingen zu wollen und sie mit Hilfsangeboten und Weisheiten zwangsbeglücken zu wollen. Das Ego zeigt sich auch darin, in Meinungsverschiedenheiten recht haben zu wollen. Das Ego will sich durchsetzen. Am deutlichsten aber kann man am eigenen Umgang mit Fehlern erkennen, wie fein oder unfein das Ego ist. Das Ego strebt nach Perfektion, möchte der Erste und Tollste sein. Wer also zu seinen Fehlern stehen kann und auch die Fehler anderer annehmen und respektieren kann, ist auf einem guten Weg, sein Ego zu verfeinern. Das offene Herz ist annehmend und liebend, das Gegenteil davon ist die Kritiksucht und das Abwerten. Daran hält sich auch das Ego fest und definiert sich, indem andere schlecht gemacht werden. Kann man es aushalten, auch mal klein zu sein, dann ist das ein wichtiger Schritt, dem Ego als Dompteur entgegenzutreten und es langsam aber sicher zu zähmen.

Das Ego leistet natürlich den Versuchen, es feiner und durchlässiger zu machen, enormen Widerstand. Um zu einem offenen Herzen zu kommen, ist es daher wichtig, immer öfter diesen Widerstand zu erkennen und immer mehr den Widerstand aufzugeben. Und dann stattdessen zu sagen: »Die Wirklichkeit ist da, sie ist geschehen. Es hat gar keinen Sinn, dagegen anzukämpfen. Denn was ist, das ist. Da ist nichts zu machen. Ich verstehe es zwar nicht, aber ich akzeptiere es und nehme es an.« Mit anderen Worten, ich lerne zu sagen: »Das, was ist, ist gut.« »Es ist, wie es ist.« Und auch, wenn ich es als schlecht bewerten würde, so muss es doch irgendwo richtig und gut sein, denn es ist ja offensichtlich vorhanden, und gegen das, was ist, zu kämpfen, ist sinnlos. (Byron Katie, die Begründerin von The Work sagt: »Kämpfe gegen die Wirklichkeit und du verlierst – und zwar jedes Mal.«)

Das ist nicht so schlimm, wie es sich anhört. Denn die Welt so zu nehmen, wie sie ist, bedeutet ja nicht, dass wir sie auch so lassen müssen. An etwas Neuem zu arbeiten ist wundervoll. Gegen das, was ist, anzukämpfen und es nicht wahrhaben zu wollen, ist kraftraubend und verändert gar nichts. Die Bewertung wird daher abgestellt und die eigene Meinung über die Dinge darf ruhen. Das Mantra »Es ist, wie es ist« ist ein Trick, um der beschränkten Sichtweise des Ego zu entfliehen und so eine »Ganzheit« zu erreichen, die wie eine leere Tafel frei ist, mit allem neu beschrieben zu werden. Wenn die Meinung des Ego ruht, wird der Weg frei zur Wahrheit und der Weisheit des Herzens.

Im optimalen Fall ist die Vergangenheit geklärt. Es gibt

keine Meinung mehr über das, was geschehen ist; es war, wie es war, und es gibt keine Schuldzuweisung mehr. Das Jetzt ist akzeptiert und angenommen (es ist, wie es ist) und damit der Weg frei gemacht für jede Zukunft, die erschaffen werden möchte. Es hängt kein Gedanke mehr am Vergangenen, und wenn über das Damals erzählt wird, dann nur, um bestimmte Dinge noch einmal mit anderen zu teilen, um zu lehren oder ein Beispiel zu geben. Solange noch in Gedanken der Vergangenheit nachgehangen wird und Bewertungen und Schuld zugeschrieben werden, bleibt die Energie in der Vergangenheit und kann keine Kraft in die Zukunft und auch ins Jetzt entwickeln. Solch ein Mensch bewältigt nicht seine Gegenwart, da er die Vergangenheit nicht bewältigt hat.

Woran kann ich erkennen, ob ich noch in der Vergangenheit lebe? Es zeigt sich dann, wenn ich immer wieder über Vergangenes rede und auch über Vergangenes nachdenke und dem nachhänge, was war. Manche Menschen beschweren sich und schimpfen unentwegt über das Damals, über Eltern, Ex-Partner/innen, ehemalige Chefs oder Familienmitglieder. Sie rufen sich das Geschehene immer wieder vor Augen, reden über nichts anderes mehr und beginnen, eine gewisse Freude an diesem Unglück, dieser Unerfülltheit zu entwickeln, denn das Ego sagt dann: »Keinem geht es schlechter als mir« und »Ich bin die Ärmste / der Ärmste auf der ganzen Welt.« Auch so kann das Ego sich überhöhen.

Das negative Reden zwingt anderen Menschen diese Energie auf, jeder hat eben auch ein Ego, und man muss zuerst lernen, sich gegen solche destruktiven Energien zu schützen. Negativität ist eine Art Notstromaggregat, da zu wenig positive Schwingung vorhanden ist, um mit dem Herzen und dem Kosmos verbunden zu sein, von wo wir eigentlich unsere Kraft herbekommen sollten.

Aus der Psychoanalyse wissen wir außerdem, dass alles, was wir im Außen bewerten und abwerten, in den allermeisten Fällen nur eine Projektion unserer eigenen Mängel und Fehler ist. Irgendwie gibt es zwischen dem Ich und dem Du nur scheinbar eine Grenze, wir sind alle verbunden und neben der ganz praktischen »Luftverschmutzung« durch negative Energie spüren wir irgendwo in uns, dass das Reden über Negatives auch uns selbst schlecht macht, wir machen uns im Grunde selbst schlecht. Welch ein verrücktes Spiel: Wir machen andere schlecht, um besser dazustehen, und spüren doch innerlich, dass uns das Negative selbst nicht gut tut! Und doch projizieren wir heiter drauflos und spiegeln nach Herzenslust in den anderen hinein. Beim Frisch-Verliebtsein werden die positiven Eigenschaften gespiegelt und nach der Zeit der ersten Liebe tun wir das Gegenteil, wir spiegeln unsere Schattenseiten auf den Partner. Und genauso verfahren wir auch mit dem Nachbarn, den Arbeitskollegen, den Chefs, den Freunden und Bekannten. Wir machen andere schlecht, um selbst besser dazustehen.

Ein weiteres beliebtes und nicht wegzudenkendes Projektionsfeld für das Schlechte ist – das Wetter! Zuerst ist es zu nass, dann zu kalt, dann zu windig, dann zu trocken und zu heiß. Wir finden Negatives an der Regierung, an der Steuererklärung, an unserem Fußballverein, an der Politik und der ganzen Welt. Das Ego liebt auch im Fernsehen und in den Zeitungen das Negative und auch daher sind die Nachrichten voll davon. Das Ego hat

Freude am Klagen und Jammern. Dies ist sogar zu einer gewissen Abhängigkeit, ja schon zu einer Sucht des Ego geworden, besonders wenn ein Mensch Jahrzehnte in dieser Energie aufgewachsen ist und gelebt hat. Der Mensch ist so gestrickt, dass er das Altbekannte und Gewohnte als sicher empfindet und regelrecht Angst bekommt, etwas Neues anzugehen oder seine emotionale »Komfortzone« zu verlassen. Es gibt da ein Anhaften am emotional Bekannten und dies wirkt dann auch auf die körperliche Ebene, auf die Hormone und den Stoffwechsel, so dass sich der Mensch auch rein körperlich aus den negativen Gedanken und Gefühlen regelrecht befreien muss.

Man kann auch hier eine Art Schwingungsmuster ableiten, was wir bereits z.B. aus dem Biorhythmus kennen: Leben funktioniert nicht gleichförmig gerade, wie wir es aus den Geraden der Mathematik kennen, sondern immer in Schwingungen, im Auf und Ab von Wellen. Auch beim inneren Wachsen und dem Verfeinern des Ego steigen wir Wellenberge hoch, um dann wieder in ein Tal zu fallen. Aber zum Trost verlaufen alle natürlichen Prozesse exponentiell, wie z.B. das Algenwachstum in einem See. Erst wachsen sie unmerklich und langsam, um sich dann später rasend schnell zu vermehren.

Zum Schluss dieses Kapitels die Meisterfrage: Wie erkennen wir, wenn das Ego in uns klein und kleiner wird? Wenn wir also mehr und mehr ins Herz kommen? Dann bekommen wir Freude am Lieben und Loben des Schönen, wir öffnen dann plötzlich die Augen und erkennen vielleicht zum ersten Mal die Schönheit um uns: die Blumen, die Natur, die Menschen, die Dinge. Und wir sprechen es dann auch aus und loben und erkennen das Schöne mehr und mehr. Wir gehen dann mehr und mehr in die Dankbarkeit für unser Dasein und die Möglichkeiten, die unser Leben uns bietet.

ZUSAMMENFASSUNG:

Das Ego jammert gern.

Es zieht auch gerne über andere her, um sich selbst dabei besser zu fühlen. Gleichzeitig hält es wenig Kritik aus.

Trick und Übung zugleich: Da das Ego ja sich selbst erhöhen möchte, wird es nicht gerne auf frischer Tat ertappt. Beobachte dich selbst. Gestehe dir ein, wenn dein Ego dich gerade wieder voll im Griff hat. Lächle innerlich in solchen Momenten und denke dir: »Hallo liebes Ego, da bist du ja wieder. Toll jammerst du hier, ich sehe, dabei fühlst du dich wichtig …«

Und sage dir gleichzeitig: »Das macht nichts, liebes Ego. Ich liebe dich trotzdem und ich liebe mich trotzdem. Und ich fühle nun in mich hinein, was ich als Nächstes tun möchte, nachdem ich uns beide auf frischer Tat ertappt habe.«

Diese liebevolle Selbstbeobachtung wird schnell und effizient das Ego verfeinern.

Deine Freunde erschaffen
für dich mit

Noel Edmonds, ein bekannter englischer TV-Moderator, schreibt in seinem Buch »Positively happy«, dass es Menschen gibt, die die Kunde, wie miserabel es ihnen geht, so massiv verbreiten, dass sie schließlich einen geheimen Beinamen erhalten. Wenn Freunde und Verwandte über diese Person sprechen, dann sprechen sie nicht mehr über beispielsweise Bob, sondern über den »armen Bob«.

Und man spricht auch nur noch mit gedämpfter Stimme, wenn man über diesen armen Bob spricht, bei dem ja immer alles so schlecht geht. Trifft man dann Bob selbst, spricht man ihn zwar vielleicht nicht mit »armer Bob« an, aber man traut sich auch nicht, einfach fröhlich rauszuposaunen: »Na, altes Haus, wie geht es denn immer so?« Das käme einem schon pietätlos vor, wo man doch ohnehin weiß, Bob geht es immer schlecht. Die Stimme wird daher bereits etwas gedämpft und die Stirn mitleidsvoll in Falten gelegt, bevor man dann mit besorgter Stimme fragt: »Na Bob, wie geht's denn?« Das Problem dabei:

- Dein Grundlebensgefühl erzeugt deine Realität, das wissen schon viele Menschen und
- dein Unterbewusstsein hört an erster Stelle zu und verstärkt das, was du über dein Leben erzählst. Auch das ist relativ bekannt.

- Aber oben erwähnter Beispiel-Bob aus dem Buch von Noel Edmonds hat offenbar einem Teil seines Umfeldes beigebracht, diesen Effekt noch zu verstärken. Die senden jetzt noch zusätzlich die Botschaft ins Universum, dass »Bob der ist, dem es immer schlecht geht«.

Sie unterstützen ihn tatkräftig beim Manifestieren einer Einbahnstraße in die Sackgasse, indem sie verbal und emotional »Misere und Bob« miteinander verknüpfen, als wären das feststehende Begriffe, die so zusammengehören.

Wenn du einen solchen geheimen Beinamen hast, dann solltest du alle deine Freunde und Verwandten schnellstens wieder umtrainieren. Neue Trainingsziele: »Bob ist der, der das Leben immer genießt, egal was ist.« und »Bob ist der, der am Schluss aus jeder Krise glänzend wieder aufsteht.« Und wenn schon Beiname, dann lieber »Bob, unser neuer Phönix« oder so ähnlich.

Um dich selbst ein kleines bisschen besser kennenzulernen und um zu sehen, von wo nach wo du gerade innerlich unterwegs bist, kannst du einen kleinen Test machen:*

Was ist dein Lieblingstier?
Schreib es auf und schreib auf, was du alles an dem Tier besonders magst. Warum ist es dein Lieblingstier.

Was ist dein zweitliebstes Tier?
Schreib es auch auf und schreib auf, was du an diesem magst.

Und zum Schluss noch ein drittliebstes Tier. Was magst du am drittliebsten Tier am meisten?

ZUSAMMENFASSUNG:

Wenn es dir zur Gewohnheit geworden ist, dich von anderen bedauern zu lassen, hast du sie in Wahrheit engagiert, dich energetisch in diesem ungeliebten Zustand weiter festzuhalten.

Überprüfe dein Selbstbild und wie du wirklich sein möchtest. Zeige deine besten Eigenschaften nach außen und verbiete deinem Ego nur zu jammern und zu klagen. Richte stattdessen deine Aufmerksamkeit auf die Dinge, die gut klappen und teile diese positiven Momente, egal wie klein sie sein mögen, auch mit deinen Freunden.

*Tier 1: Dein Selbstbild
Tier 2: Das Bild, das andere von dir haben und das du eventuell gleich mitkorrigieren möchtest, indem du drauf achtest, mit welchen Gefühlen du der Welt gegenübertrittst
Tier 3: Dein Idealbild von dir selbst. So möchtest du gerne sein.

Laufen lernen im Gefühl

Wir finden es in der Gesellschaft ganz normal, bei negativen Gefühlen innezuhalten, viel darum herum zu denken und den negativen Gefühlen viel Aufmerksamkeit zu geben. Positiv berührende Situationen dagegen tun wir schnell als kitschig ab und vermeiden sie sogar oder gehen rasch darüber hinweg.

Aus Sicht der Schöpferkraft ist das genau falsch herum. Wenn wir positive Dinge erschaffen wollen, sollten wir auch besonders innig und intensiv bei den positiven Gefühlen verweilen und die negativen möglichst schnell links liegen lassen.

Um durch die Kraft der Gedanken in ein besseres Gefühl zu kommen, das dann angenehmere Umstände anzieht, gibt es ein paar interessante Tricks. Albert Einstein hat gesagt, dass man Probleme nicht auf derselben Ebene lösen kann, auf der sie entstanden sind. Deshalb ist es so wichtig die Schwingung anzuheben, um die Probleme mit einer besseren Energie angehen zu können. Wichtig ist vor allem zu erkennen, dass das Nachdenken über die Probleme überhaupt nichts oder nur wenig Innovatives zur Lösung beitragen kann, da dann nur das Problem energetisch verstärkt wird und das Negative des Problems nur immer und immer wieder durch den Kopf geht. Die Energie sinkt sogar während dieser andauernden Warteschleifen im Kopf. Einstein ließ uns auch wissen, dass alle

Natur zur Harmonie tendiert. Das heißt, man muss gar nicht jedes Problem lösen, sondern oft reicht es aufzuhören ständig daran zu denken. Wir geben damit der Natur in uns Raum, sich wieder in Richtung Harmonie zu bewegen.

Die Natur des ganzen Universums ist kreativ, darauf können wir vertrauen, doch sie kann uns nur helfen, wenn wir aus der Energie dieses Problems hinausgehen. Wir öffnen damit dem Universum die Türe:

- Ich kann stattdessen an etwas Schönes denken (Urlaub, Partner, Hobby, Kinder ...)
- Ich kann mir das Problem ausreden, so wie ich mit einem Kind reden würde. (Es wird schon gehen, alles wird gut, morgen sieht die Welt schon anders aus ...)
- Ich kann mir rational sagen: Aus Erfahrung weiß ich, wenn ich in der Energie bleibe, dann wird das gar nichts, dann ziehe ich weiter denselben Käse in mein Leben ...
- Ich kann mir etwas Gutes tun (Kino, Freunde treffen, spazieren gehen ...)
- Ich kann schauen, was mir Freude macht, und meiner Freude folgen.

Und für echte Notfälle kannst du dir Gut-Fühl-Listen erstellen, die du überall mit dabei hast (z.B. im Geldbeutel). Auf eine Gut-Fühl-Liste gehören alle Dinge, die dir ein gutes Gefühl verursachen, wenn du an sie denkst. Das können sein:

- Menschen
- Dinge

- Ereignisse
- schöne Kleidungsstücke oder ein gewonnenes Fuß-
  ballspiel
- besondere Situationen
- Plätze in der Natur.

Wenn du dann mal in ein Stimmungstief kommst, hole
deine Liste hervor und richte deine Aufmerksamkeit auf
etwas in der Gut-Fühl-Liste. So lange, bis es dir wieder
besser geht. Dann kannst du umschwenken auf den Ort
und die Situation, in der du gerade bist, und selbst dort
Dinge finden, mit denen du dich gut fühlen kannst. Du
kannst dich gut damit fühlen, dass mitten im Winter der
Raum, in dem du dich befindest, schön warm geheizt
ist. Du kannst dich gut in einem bequemen Stuhl fühlen etc. Erzeuge gute Gefühle durch einen Switch deiner
Aufmerksamkeit. Es ist auch möglich, in Phantasiesitu-
ationen zu schwelgen, die dir gute Gefühle verursachen.
Bei diesen muss man nur aufpassen, dass man kein sehn-
suchtsvolles Mangelgefühl unten drunter entwickelt.
Wenn du dir Gut-Fühl-Situationen ausdenkst, dann achte
darauf, dass sie genügend kindliche Naivität und Freude
enthalten, damit das Gefühl beim daran Denken wirklich
rein positiv ist.

Beispiel: Ich bin alleine und arm und stelle mir Partnerschaft und Fülle vor, werde dabei aber gleich melancholisch, weil die Realität noch anders aussieht. Dann ist das
natürlich nicht wirklich ein gutes Gefühl.
Verändere die Situation im Geist so, dass du wirklich nur
noch grinsen kannst. Stell dir vor, du wärst eine Elfen-

prinzessin oder der König der Kobolde und du hättest eine Fülle an Schlössern ganz aus Pflanzen gewachsen und du würdest die tollste Partnerschaft überhaupt führen mit einem Feenprinzen oder einer Kobolddame oder was immer. Dann hast du auch Fülle und Partnerschaft visualisiert, aber du hattest uneingeschränkten Spaß dabei und hast dir keinen Mangel vorgestellt. Wenn das Gefühl von Freude an diesem Bild bereits Wurzeln geschlagen hat und du es schnell und leicht herbeirufen kannst, dann kannst du es Stück für Stück näher an die Realität heranbringen, die du dir wirklich wünschst. Lass vielleicht als Erstes die Feenflügel weg, aber du wohnst noch im Pflanzenschloss oder umgekehrt, lass zuerst das Schloss die Form deines wirklichen Traumhauses annehmen, aber du hast noch Flügel. Achte darauf, dass du beim Ändern der Bilder das gute Gefühl behältst. Es nutzt dir nämlich gar nichts, die ideale Situation ewig zu visualisieren und jedes Mal melancholische sorgenvolle Mangelgefühle damit zu verbinden.

Ist doch ganz klar, was der Gefühlskörper dann denkt: »Heh Mann, heh Frau, diese vorgestellte Situation tut uns ja ganz offenbar gaaar nicht gut. Da muss ich Frauchen/ Herrchen dringend von fern halten …« Dein Gefühlskörper passt nämlich liebevoll auf dich auf. Und weil das so ist, hält er alle Situationen von dir fern, bei denen du ein schlechtes Gefühl hast, wenn du dran denkst.

Wenn du hingegen ständig gutgelaunt eine Feenrealität visualisierst, dann denkt dein Gefühlskörper auch mit: »Hhhm, hhhm, so, so, bei Fülle und liebevoller Partnerschaft geht es uns also gut. Da muss ich dringend mehr von erschaffen. Bloß, was mach ich mit der Sache mit den

Feenflügeln? Am besten ich lasse sie einfach weg und sehe zu, dass ich so nah wie möglich an dieses innere Bild herankomme.«

Kann sein, dass du dich dann, falls du dir ein Häuschen gewünscht hast, irgendwann in einem Haus wieder findest, das völlig von Efeu überrankt ist, und dass das ein Detail ist, auf das du hättest verzichten können. Aber ist das nicht weitaus besser, als wenn es dir einfach nicht gelingt, ein realitätsnäheres Bild mit guten Gefühlen zu visualisieren und du in einer engen Vorstadtwohnung hocken bleibst, die dir gar nicht gefällt??! Dann lieber Fülle mit Efeu durch ein bisschen Selbstüberlistung.

Beim Thema Geld ist es ganz genau dasselbe: Wenn du beim Geld Ausgeben und Geld Einnehmen immer wieder schlechte Gefühle hast, passt dein Gefühlskörper auf dich auf und hält »das böse Geld« fern von dir. Sinnvoll ist es daher, Geld mit einem Gefühl von Dankbarkeit anzunehmen und auch das Ausgeben mit Freude zu tun und den anderen die Einnahme zu gönnen.

Mehr dazu habe ich aber schon im »Übungsbuch zu den Bestellungen beim Universum« geschrieben.

ZUSAMMENFASSUNG:
Dein Gefühlskörper passt auf dich auf. Und weil das so ist, hält er alle Situationen von dir fern, bei denen du ein schlechtes Gefühl hast, wenn du daran denkst.
Gehe daher bei allen Problemen zuerst über die Energie des Problems hinaus, indem du dich in eine bessere Stimmung begibst. In der neuen Stimmung und Schwingung kannst du auch höher schwingende Lösungen finden.

Schon Einstein wusste, dass wir Probleme nie auf der Ebene lösen können, auf der sie entstanden sind, und dass alle Natur zur Harmonie tendiert. Sorge du dafür, dass die Natur in dir wieder wirken kann, indem du dich entspannst!

Was will ich wirklich?

Vor ein paar Jahren habe ich (Manfred) mal beruflich ein Seminar zum Visionsmanagement gemacht. Damals war ich sehr überrascht über die vielen spirituellen Gesichtspunkte in diesem Seminar. Am Ende des Seminars malt man ein Bild von seiner Vision und lädt sie dabei mit ganz viel Gefühl und Energie auf. Und das klappt wirklich!

Das Bild hab ich heute noch. Interessant war vor allem, dass auf dem Weg zu meiner Vision verschiedene Aufgaben standen, die zu durchwandern waren. Am Anfang sollte ich mir eine Liste machen, was in meinem Leben gut und was schlecht ist. Und was möglicherweise ein Problem für mich ist. Nachher kam dann die Frage, warum mein Problem auch gute Seiten haben könnte. Dabei kamen ganz erstaunliche Erkenntnisse zu Tage: Zum Beispiel hatte ich den Eindruck, dass manches an meinem Problem vielleicht nur eine Ausrede sein könnte, um bestimmte Dinge nicht zu wagen und nicht anzugehen. Hinter meinem Problem kann ich mich nämlich ganz toll verstecken und weiterhin »Opfer meiner Umstände« sein. Mein Problem liefert mir eine Menge Ausreden, nach dem Motto: Erst wenn das und das gelöst ist, kann ich dies und jenes machen.

Bei mir war dieses Problem mit einem Gefühl von Machtlosigkeit gepaart und einem großen »Ach, das schaffe ich ja doch nicht!« Irgendwann war ich es gewöhnt in diesem Gefühl von Unerfülltheit zu sein und traute mich schon gar nicht mehr zu meinen Wünschen zu stehen, geschweige denn einen Wunsch auszusprechen. Ich war so darauf getrimmt etwas nicht zu bekommen, was ich will, dass ich mir die Enttäuschung ersparen wollte und es gar nicht erst wieder mit dem Wünschen versuchen wollte. In mir war die Flamme erloschen, es zu spüren, wenn ich etwas wollte, es war irgendwie einfach zu aussichtslos geworden. Und darum war es für mich auch so schwierig geworden, in diesem Visionsseminar meine Wünsche zu erkennen, ich musste es regelrecht neu erlernen.

Da gab es in diesem Seminar eine gute Frage: Was kann ich mir gar nicht vorstellen? Den Himalaya zu ersteigen, die Welt zu umsegeln, frei wie ein Vogel zu sein. Und irgendwann fiel dann bei mir der Groschen, dass es unbewusst alles Dinge waren, die in mir schlummerten, als unausgesprochene Wünsche! Nur sind sie so verschüttet, dass sie ohne den Trick dieser indirekten, verneinten Frage gar nicht ans Licht gekommen wären! Und so kann ein Hilfsmittel bei der Suche nach »Was will ich wirklich« die Frage sein: »Was will ich nicht?«, um daraus das Gegenteil abzuleiten: Das will ich! Manchmal ist es einfach sehr schwer, ganz zu einem Wunsch zu stehen.

Ist dann der Wunsch klar, braucht er noch genügend Energie. Im Visionsseminar habe ich dazu ein Bild gemalt. Eine gute Frage, um die Energie hinter dem Wunsch anzufachen, ist das Einfache: »Warum willst du das?« Am besten macht man das mit einem Partner, der immer wieder diese eine Frage stellt, bis ein Bild vor unserem inneren Auge entsteht, das voller Freude und guter Energie ist: Das will ich gern in meinem Leben! Dann ist kein Platz mehr für Zweifel, da ist einfach eine Menge Freude dies zu fühlen, und dann ist auch die Kraft des Herzenswunsches in den Wunsch integriert. Ein Wunsch, der nicht aus dem Herzen kommt, ist auch nicht genügend über das Gefühl mit uns verbunden und unsere Seele denkt sich dann »Hoppla, was soll ich denn damit?«

Für uns ist es aber nun wichtig zu erkennen, was wir wirklich wollen, aus unserem Herzen. Der schon erwähnte Dieter, ein Trainer, der auch Bärbels Lebensfreude-Seminare mitbetreut, hat daher in einer Übung den Menschen eine weitere Frage gestellt: »Was ist der Wunsch hinter deinem Wunsch? Welches Gefühl möchtest du bei der Erfüllung deines Wunsches erleben?« Also: Was steckt denn in Wahrheit dahinter, dass du ein tolles Auto, Erfolg, Beziehung, Anerkennung usw. möchtest? Und wenn dieses Gefühl bekannt ist, wird auch viel klarer, was ein Mensch wirklich möchte, und dann muss dieser Mensch nicht mehr im Außen Dingen hinterherlaufen, die doch letztendlich das tiefer liegende Gefühl nicht befriedigen können.

ZUSAMMENFASSUNG:

Oft gestehen wir uns unsere wirklichen Wünsche noch nicht einmal mehr selbst ein. Wir schieben Probleme und Ausreden vor, um uns nicht an unsere »gefährlichen Wünsche« herantrauen zu müssen.

Mit kleinen Tricks (»Warum will ich das?« oder »Was kann ich mir gar nicht vorstellen?« oder »Welches Gefühl möchte ich erleben, wenn ich mir dies und jenes wünsche?«) kann ich mir selbst und meinen Herzenswünschen wieder näher kommen.

Die Stimme des Herzens

Über unser Gefühl sind wir mit unserem Kern und unserem innersten Wesen verbunden. Dass es manchmal so schwer fällt einen Wunsch zu erkennen, hat sicher viel damit zu tun, dass wir uns von unserem innersten Wesen schon ein großes Stück weit entfernt haben. Wir haben verlernt der Stimme unseres Herzens zu folgen. Und damit haben wir die Tür zum Kosmos nur noch angelehnt, wenn nicht sogar geschlossen. Mit Gefühlen zu arbeiten und immer mehr auf die Gefühle zu hören, ist also der Meisterweg zum Glück. Nur so können wir die innere Stimme wieder mehr und besser hören.

Die Entfernung vom Gefühl und die hohe Stellung des Verstandes ist aber nicht nur ein Thema jedes Einzelnen von uns, es ist auch ein generelles Thema. Wie ich (Manfred) allerdings schon zu Anfang des Buches geschrieben habe, scheinen wir die Überbetonung des Verstandes auch gesellschaftlich satt zu haben. Lange standen das eher oberflächliche Sammeln von Wissen und Information sowie dessen schnelle Weitergabe an erster Stelle, was sehr deutlich durch das Internet charakterisiert werden kann. Noch nie waren so viel Wissen und so viel Information so schnell abrufbar. Unsere Zeit steht aber auch für das rationale Erfassen der Welt eher ohne viel Tiefgang, für viele neue Interessen und Begegnungen. Es besteht geradezu ein Hunger nach Eindrücken, um sich abzulenken.

Nachdem dieses Bedürfnis auch gesellschaftlich intensiv ausgetobt wurde, scheint sich nun ein Wunsch nach mehr wirklichem Empfinden und Erleben und danach, Emotionen zuzulassen und auszudrücken, zu entwickeln.

Dieses Empfinden bringt uns jedoch automatisch weiter auf der Suche nach uns selbst und auch nach einem Sinn im Leben. Und so nebenbei macht uns dies auch immer mehr deutlich, wer wir wirklich sind: Schöpfer unseres Universums!

Aber ob es nun wirklich schon ein neuer Gesellschaftstrend oder nur ein Trend in der spirituellen Szene ist: Fühlen zu lernen bringt uns in jedem Fall unserer Schöpferkraft näher. Und aller Anfang dabei sollte ganz leicht geschehen, damit es Spaß macht und wir motiviert sind am Ball zu bleiben. Und so fängt das Erlernen vom Fühlen im täglichen Leben an: Wie fühle ich mich körperlich? Habe ich Hunger, Durst, bin ich müde? Wie sind meine Bedürfnisse? Worauf habe ich Lust? Woran habe ich Freude? Oft sind wir durch unsere Verpflichtungen so eingespannt, dass wir regelrecht Raum schaffen müssen, um auch mal Zeit für uns haben zu können. Die Idee, eine Verabredung mit sich selbst zu treffen und auch mal einen Abend die Woche mit sich selbst zu verbringen, kann dabei ganz neue Tore öffnen.

Wenn mir die Frage: »Wie geht es mir?« geläufig ist, dann stellt sich bald eine verfeinerte Wahrnehmung ein. Und es folgt die Frage: »Wie fühlt sich dieses und jenes für mich an? Ist das richtig für mich? Soll ich dies tun oder jenes?« Dabei geht es sehr darum, auch über die eigenen Gefühle zu sprechen und Gefühle auszudrücken: Mir geht es damit so! Das fühlt sich für mich richtig oder falsch an!

Dabei lernen wir Dinge und Menschen ganz anders wahrzunehmen, der »Muskel« der Intuition wird stärker, wir lernen ihm immer besser zu folgen und auch zu vertrauen. Außerdem verbessert die Fähigkeit, unsere Gefühle wahrzunehmen und auszudrücken, auch unsere Partnerschaft und soziale Beziehungen überhaupt. So schreibt beispielsweise die Zeitschrift Wirbelwind in ihrer »Papaextra«-Ausgabe: »Partnerschaft braucht Pflege: Es führt kaum ein Weg daran vorbei, eine differenzierte Selbstwahrnehmung durch Übung zu entwickeln. Nur wer lernt, seine Gefühle zu identifizieren und Namen dafür zu finden, kann sich beziehungsfördernd mitteilen.« Die Zeitschrift empfiehlt speziell Männern hierfür reine Männergruppen, da es dort meist viel leichter ist, den Einstieg in die Mitteilung von Gefühlen zu finden als in gemischten Runden und nur mit der Partnerin. Manfred initiiert solche Männergruppen und kommt immer wieder zu genau diesem Ergebnis: Selbstwahrnehmung üben ist für Männer unter Männern oft leichter!

Wenn du anfängst mehr auf dein Gefühl zu achten, werden sich im Laufe der Jahre alle möglichen Dinge ändern. Wir haben beispielsweise in unserem Haus bunte Wände, in jedem Zimmer anders, weil es sich so, für uns zumindest, viel wohnlicher anfühlt. Wir trinken energetisiertes Wasser, weil es sich besser anfühlt und besser schmeckt, und wir haben viel Holz im Haus verbaut, da wir den Geruch und den Anblick von Holz beide mögen. Wir haben uns einen Hausarzt (oder sagen wir lieber Haus- und Hofheiler) gesucht, der sich gut anfühlt, und haben auch eine Zahnärztin, bei der wir uns wohlfühlen. Es fügt sich mit der Zeit eines zum anderen und bei jedem Menschen sind es andere Dinge. Nur eins ist sicher: Du wirst dich in vielen Einzelheiten deines Lebens wegbewegen von der Norm und hin zu mehr Individualität. Und auch bei jedem Individualisten ist die Zusammenstellung seiner Einzelheiten des Lebens ganz anders und fühlt sich ganz anders an. Denn jeder fühlt sich mit etwas anderem wohl und das gehört auch genau so. Es wäre doch langweilig, wenn alle den gleichen Geschmack hätten. Dann sähe es in Rom genauso aus wie in Rio de Janeiro – wie langweilig. Hier kommen zwei Übungen zum Fühlenlernen, denn wer seine Gefühle so genau nicht wahrnimmt, kann sie natürlich auch nicht genau kommunizieren:

Übung 1

Stell dir vor, du sitzt auf einer öffentlichen Toilette und hast vergessen abzuschließen. Herein kommt deine meist gehasste Kollegin, der Chef oder irgendwer, bei dem es dir besonders unangenehm ist.
Wie fühlst du dich in der Situation? Beobachte einfach nur ehrlich dir selbst gegenüber dein Gefühl.
Dann stell dir ganz verschiedene weitere Personen vor, die ebenfalls unverhofft die Tür öffnen (nehmen wir an, das Schloss wäre einfach kaputt). Deine Mutter, dein Vater, Geschwister, bester Freund/Freundin, Partner, fremde Person, Nachbar, dein Kind, wenn du eins hast oder irgendein kleines Kind, ein Popstar, eine Person, vor der du dich fürchtest oder vor der du sehr viel Respekt hast, jemand, mit dem du zerstritten bist. Nimm möglichst viele unterschiedliche Leute und lass sie in Gedanken

alle in deine Toilette gerannt kommen. Beobachte genau wie unterschiedlich sich das anfühlt. Ein Kind fühlt sich sicher anders an als der Präsident des Landes.
Beobachte und lerne über deine Gefühle dich selbst kennen.

Zum Auflösen besonders unangenehmer Gefühle stelle dir nun einfach vor, dass du fertig bist, rausgehst und zwei Stunden später wieder zum Klo musst. Instinktiv rennst du in dieselbe Toilette wie zuvor und upsala, wer sitzt denn da? Genau die Person, bei der es dir vorhin so peinlich war, dass sie reinkam, als du da gesessen hast. »Oh, jetzt sind wir quitt«, könntest du mit einem souveränen Lächeln sagen und die Tür wieder schließen. Beobachte dein Gefühl. Wie ist es wirklich? Was müsstest du sagen oder was müsste passieren, damit du dich mit dieser Situation wieder entspannt fühlst? Stell dir die optimale Auflösung in Gedanken einfach vor und ganz wichtig – fühle sie mit offenem Herzen und mit deinem ganzen Sein.

Übung 2

Stell dir vor, ein hawaiianischer Eingeborenenstamm hätte dich zur Königin bzw. zum König gewählt. In diesem Stamm leben fast nur Menschen, die dir sehr ähnlich sind von ihrer Art her, und weil sich der ganze Stamm spontan in dich verliebt hat, haben sie dich zur Königin, zum König gemacht. Es ist ein sehr reicher Stamm und du hast automatisch ein Riesenvermögen geerbt. Sie haben dir einen sensationellen Thron gebaut und auf dem sitzend empfängst du gelegentlich Touristen, denen ihr für viel Geld tolle Touren in die schönsten Gebiete der Insel bietet. Du sitzt nun auf deinem Thron, umwedelt und umfächert von vielen schicken Dienstboten und gebadet in der Liebe und Zuneigung des ganzen Stammes.

Und wer erscheint da vor deinem Thron? Der Reihe nach alle Personen, mit denen du im Leben zuvor Probleme hattest: Leute, vor denen du Angst hattest, von denen du dich nicht wertgeschätzt fühltest oder auch nette Leute, die du aber etwas überhöht und angebetet hast.

Beobachte wieder dein Gefühl. Wie fühlst du dich nun, da diese Leute dir Blumen und Geschenke zu Ehren der Königin zu Füßen legen? Stell dir auch wieder deine Familie, Kinder, Partner und Freunde vor. Wie würdest du dich bei jedem Einzelnen fühlen und was würdest du zu jedem sagen? Beobachte immer dein Gefühl dabei und nimm es ganz wahr.

Durch solche Übungen kommst du dir selbst näher, lernst dich selbst besser kennen, wirst authentischer und ziehst dadurch automatisch mehr Menschen in dein Leben, die gut zu dir passen, ganz wie in dem hawaiianischen Stamm.

Zusammenfassung:

Das Erlernen des Fühlens fängt im täglichen Leben an: Wie fühle ich mich körperlich? Habe ich Hunger, Durst, bin ich müde? Wie sind meine Bedürfnisse? Worauf habe ich Lust? Woran habe ich Freude?

Wenn mir die Frage: »Wie geht es mir?« geläufig ist, dann stellt sich bald eine verfeinerte Wahrnehmung ein. Und es folgt die Frage: »Wie fühlt sich dieses und jenes für mich an? Ist das richtig für mich? Soll ich dies tun oder jenes?«

Teil II

Gefühle erzeugen Gedanken

Gefühle im Unterbewussten

Die Arbeit mit positiven Gedanken ist ein ganz wichtiger Weg, um uns aus den negativen Verstrickungen zu lösen und unsere Schwingung zu erhöhen. Einige Beispiele in dieser Richtung haben wir ja im Teil I bereits gegeben. Dabei nehmen wir ein Stück weit den Kampf mit dem »inneren Schweinehund« auf, nämlich dem Ego, das am Negativen und am Bewerten klebt und einfach nicht wachsen will. Den halben Weg sind wir im Teil I damit gegangen, hin zu unserem persönlichen Glück, und nun kommt die zweite Hälfte: die Arbeit mit Gefühlen.

Denn wenn wir noch so sehr positiv denken und unsere Anstrengungen in dieser Richtung perfektionieren: Am Ende ist da noch ein Teil in uns, der nicht zu fassen ist und immer noch unangenehme Gefühle erzeugt, und dieser Teil ist unser Unterbewusstsein. So wertvoll positives Denken ist, es besteht immer eine Gefahr, es wie bei den Antibiotika als Allheilmittel zu verwenden: Irgendwann wirkt es einfach nicht mehr. Wenn bei Antibiotika, da sie einfach zu häufig angewendet werden, immer mehr Bakterienstämme resistent werden, dann zeigt uns das nur, dass für alles natürliche Grenzen bestehen. Das Wundermittel schlechthin gibt es eben nicht.

Bei den positiven Gedanken liegt das Problem darin, dass man annehmen könnte, eben alle unangenehmen Gefühle immer mit positivem Denken »weg« zu kriegen. Vom Teil I wissen wir aber schon, dass alles, was wir ablehnen, hierdurch gerade gestärkt wird, und so geben wir abgelehnten Gefühlen durch unsere Ablehnung auch immer mehr Kraft. Man könnte auch sagen, dass gerade durch das Ablehnen bestimmter negativer und schmerzhafter Gefühle eben diese immer wieder erzeugt werden. Sie werden so eben nicht geheilt, sondern unter Verschluss gehalten. Siehe Rollrasen.

Was kann ich also tun? Positives Denken arbeitet mit dem Verstand und erreicht somit nur bedingt die unbewussten Regionen in uns. Und um die soll es nun im zweiten Teil gehen, denn Gefühl und Gedanke hängen zusammen. Gefühle sind autark, sie können zwar teilweise durch Gedanken stimuliert werden, aber da sie den Zugang zu unserer Quelle bilden und auch die Tür zum Kosmos sind, wäre es doch verwunderlich, wenn sie so voll und ganz unserem Verstand unterzuordnen wären, oder?

Dass sich Gefühle quasi im Unterbewusstsein verstecken, hört sich erst mal wie ein gordischer Knoten an: Wie sollen wir denn da bloß ran kommen? Aber zum Glück haben Gefühle ein Eigenleben, sie folgen einem bestimmten Ziel und werden im Unterbewusstsein von unserer Seele gesteuert. Wenn ein bestimmtes Gefühl immer wieder aufflammt, dann nur, um uns die Möglichkeit zu geben, emotional »ganz« zu werden. Im Grunde, um zu heilen. Denn wenn ein bestimmtes Gefühl immer wieder abgedrängt und verneint wird, bleiben wir emotional unvollständig und können auch nicht unser volles Potenzial abrufen. Wenn wir erkennen, welches Potenzial manche Menschen haben, sich und andere zu heilen, hellsichtig zu sein, oder zu welchen Gedächtnisleistungen autistische

Menschen fähig sind, dann schwant uns so langsam, welche Kräfte vielleicht auch noch in uns selbst schlummern. Die Wissenschaft hat bereits erkannt, dass wir nur einen geringen Teil unseres Gehirns wirklich nutzen und viele Regionen des Gehirns sind uns noch unbekannt. Wir sind viel mehr, als wir glauben, und auf dem besten Weg unser Potenzial immer besser zu erkennen.

Beim Arbeiten an diesem Buch ist uns immer mehr bewusst geworden, in welch einer emotionalen Schieflage unsere Welt im Moment steckt. Dazu möchten wir zuerst einmal das Wort »Gefühl« kritisch unter die Lupe nehmen. Auch wenn das jetzt vielleicht ein wenig spitzfindig erscheint: Wir würden gern an dieser Stelle einmal unterscheiden zwischen Gefühl und Empfindung. Wenn wir uns in unsere ureigensten Herzenswünsche einfühlen möchten, dann ist vor allem die Frage wichtig: Was möchte ich wirklich? Und dazu braucht es das klare Gefühl: Dieses und jenes, das wünscht sich mein Herz! Dann hat ein Wunsch Kraft. Ein Herzenswunsch kommt also aus uns selber, aus unserer tiefsten Seele. Er entspringt unserem Innersten. Dabei ist interessant, dass das Wort empfinden aus dem Althochdeutschen stammt und bedeutet: »Etwas in sich finden«. Beim Empfinden finde ich etwas in mir, das ganz mit mir selbst verbunden ist. Mein Herz gibt mir eine Antwort, wenn ich es frage und dann die Antwort spüre. Und diese Antwort wird sehr individuell sein, da wir alle besondere Menschen sind, Individuen eben, mit ganz eigenen Leben und daher auch besonderen Wünschen.

Was passiert aber, wenn wir uns normalerweise fragen:

»Was möchte ich?« Kommt dann eine Antwort, die wirklich mir selbst entspricht? Vielleicht möchte ich dünner oder schöner sein, weil mir die Welt vorgaukelt, dann käme ich besser an, beim Partner, bei Freunden, im Beruf? Vielleicht möchte ich aus demselben Grund mehr Geld haben, ein tolles Auto, Status, Macht …? Wenn ich zum Beispiel alleine bin und mir einen Partner wünsche, soll dann der Partner mich lieb haben, so wie ich bin, oder mein Aussehen, mein Geld, meinen Status …? Ich denke, niemand ist ganz frei davon, etwas »darstellen« zu wollen, um liebenswert zu sein. Doch was passiert dann in mir, wenn mal das Aussehen weniger knackig ist, eben weil ich älter werde? Schönheitschirurgen haben gerade Hochkonjunktur. Oder wenn ich meinen Status verliere oder mein Geld?

Worauf wir hierbei hinaus möchten, sind natürlich der Selbstwert und die Selbstliebe. Klar, dass ich mich gut kleide, wenn ich mich »selbst-liebe«, denn ich bin es mir einfach »selbst-wert«! Und natürlich ziehe ich dann auch einen Partner und überhaupt Menschen an, die diesem Gefühl von Selbstwert auch entsprechen. Automatisch, einfach magisch. Das ist das Gesetz der Anziehung. Doch dazu sollte ich mich selber kennen. Und mich selbst zu lieben bedeutet doch auch, mich so anzunehmen, wie ich bin, und dafür sollte ich mich kennen. Vor allem dazu dient die Meisterfrage: Was möchte ich wirklich? Und die Antwort kann nur gespürt werden, in mir gefunden, eben »empfunden«.

Um einen Herzenswunsch zu bestellen, ist daher der erste Schritt, wirklich den Wunsch zu spüren und in uns zu finden, der uns wirklich entspricht. Mein Herzenswunsch hat Kraft, weil wirklich ich es bin, der ihn möchte. Dazu wäre es sicher günstig zu wissen, was ich mag, was ich empfinde. Über die Empfindung finde ich zu mir selbst und vielleicht werden viele Wünsche eben nicht geliefert, weil wir uns zu sehr von uns selbst entfernt haben. Vielleicht empfinden wir uns einfach zu selten. Empfinden bedeutet, dass wir unsere Quelle, unsere Verbindung zum Universum, in uns finden. Safi Nidiaye (»Herz öffnen statt Kopf zerbrechen«, Verlag integral), die viel mit dem Herzen und den Gefühlen gearbeitet hat, bringt es mit den Worten auf den Punkt, dass sie für sich die Erfahrung gemacht hat, »zum ersten Mal wirklich zu leben«, als sie sich traute, wirklich zu empfinden, aus ihrem Herzen heraus. Vielleicht fängt hier, im Empfinden, das Leben erst wirklich an. Und auch darum sind Übungen zum Wahrnehmen und Spüren ganz wichtige Elemente auf Bärbels Lebensfreude-Seminaren.

Genau genommen müssten wir also konsequent sein und immer den Begriff »empfinden« verwenden, wenn es um die Beschreibung der Wahrnehmung geht, die mit dem offenen Herzen stattfindet. Dies wird uns wahrscheinlich aber kaum in allen Formulierungen zu diesem Buch gelingen (im Kapitel »Gedanken erzeugen Gefühle und Gefühle erzeugen Gedanken« haben wir es noch Herzensgefühle genannt, weil wir die Begriffe da noch nicht erklärt hatten). Die Begriffe fühlen und empfinden sind einfach zu vermischt. Und ganz praktisch werden wir auch in unserem Alltag nur selten wirklich empfinden. Denn zum Empfinden braucht es die Disziplin, den Geist auf die Wahrnehmung, das Empfinden auszurichten und für die Empfindung aus dem Inneren achtsam zu werden. Und so empfinden wir leider eben auch fast nur in Momentaufnahmen. Frei nach dem Motto: »Zwar nicht immer, aber immer öfter«, hoffen wir mit diesem Buch dazu beizutragen, dass es uns allen immer mehr und immer ganzheitlicher gelingt.

Unser Normalzustand ist leider eher ohne diese Empfindung aus dem Herzen heraus. Im normalen Leben »funktionieren« wir irgendwie automatisch und fragen uns meistens nicht, was wir gerade spüren und was uns gerade wohl gut tun würde. In diesem eher unbewußten und automatischen Modus vergessen wir das Empfinden und so spüren wir weniger uns als vielmehr die Umgebung. Wir folgen dann eher den Verpflichtungen des Berufes und des Alltags als unserem Herzen. Wir driften ab in Gedanken und beschäftigen uns mit Problemen und Themen des Gestern und des Morgen. Dabei empfinden wir dann natürlich wenig das Jetzt und auch nur wenig uns selbst.

Wenn unser Denken sich mit dem Gestern und dem Morgen beschäftigt, dann erzeugen wir auch Gefühle: Vielleicht gehen wir immer und immer wieder Situationen der Vergangenheit durch, sind ganz im Gefühl, wie es damals war. Unser Ego trickst uns dabei aus, es verhaftet sich dabei mit dem Gefühl und identifiziert sich damit. Wir bleiben dann lange in dem Gefühl und sind ihm irgendwie ausgeliefert. Aus Teil I wissen wir schon, dass das Ego es liebt, negativ zu sprechen und zu denken und nun ist logisch: Das Ego liebt auch negative Gefühle. Die geben ihm so richtig toll Energie. Und natürlich leiden wir dann auch unter diesen Gefühlen. Diese Gefühle rauben uns Kraft, hören einfach nicht auf und demoralisieren uns.

Im Gegensatz dazu ist die Empfindung frei von Identifikation, die Empfindung ist nur kurz und im Jetzt immer neu. Empfindung ist frei von Leid, denn sie verbindet uns mit der »Quelle« unseres Seins, bereichert uns und macht uns schöpferisch. Zu empfinden bedeutet auch, zu erleben und wirklich auf der Erde zu sein. Und darum geht es im nächsten Kapitel.

Zusammenfassung:

Wenn ein bestimmtes Gefühl immer wieder abgedrängt und verneint wird, bleiben wir emotional unvollständig und können nicht unser volles Potenzial abrufen.

Das Wort Empfinden bedeutet: »Etwas in sich finden.« Beim Empfinden finde ich etwas in mir, das ganz mit mir selbst verbunden ist. Mein Herz gibt mir eine Antwort!

Um einen Herzenswunsch zu bestellen, ist daher der erste Schritt, wirklich den Wunsch zu spüren und in uns zu finden, der uns tatsächlich entspricht. Mein Herzenswunsch hat Kraft, weil wirklich ich es bin, der ihn möchte.

Gefühle wollen
auf die Erde kommen

Das Thema Gefühl und Empfindung hat also sehr viel mit unserem Ego zu tun. Das Ego bewertet, richtet und wägt ab, macht sich selber gut und das andere schlecht, um selbst besser dazustehen. Es kritisiert und fordert Perfektion und klagt am liebsten über Fehler und Mängel, bei einem selbst wie auch bei den anderen. Das Ego erlebt damit nicht das andere, so wie es beim Empfinden geschehen würde, sondern grenzt aus, prallt damit beim anderen, dem Gegenüber, ab und es entsteht ein Kampf, ein Wettstreit, wer besser ist, wer recht hat und so weiter. Das Ego sieht, wie der Name schon sagt, nur sich selber.

Das Ego kann nicht wirklich spüren und fühlen, im Gegenteil, das Ego tut alles, um nicht wirklich ins Empfinden zu kommen. Wirklich empfinden kann nur das mitfühlende Herz und so ist der Weg ins Herz und ins Empfinden auch immer ein Kampf mit dem Ego. Man kann auch sagen, je mehr das Ego sich verfeinert, umso mehr wird es auch durchlässig für das Empfinden. Der Kopf und das Ego stehen auf deiner einen Seite und das Herz und das Empfinden auf der anderen. Und die »Wahrheit« des Ego kann sehr viel anders sein als die »Wahrheit« des Herzens.

Eine Freundin von uns hat in einer Rückführung eine

Art Todeserfahrung gehabt, bei der das Ego und der Kopf vehement gegensteuern wollten und nicht in diese Erfahrung kommen wollten. Wieder beruhigt und in einer Trance im Herzen befragt, war aber sehr deutlich, dass diese Todeserfahrung vom Empfinden her sogar angenehm war und überhaupt nicht schrecklich. Ähnliche Erfahrungen mit dem Tod wurden ja auch beispielsweise von Elisabeth Kübler-Ross dokumentiert. Es gibt also durchaus einen Unterschied zwischen dem Empfinden, der »Wahrheit des Herzens«, und dem Gefühl, der »Wahrheit des Kopfes«. Ich vermute, dass zwar die These des NLP, dass man Gefühle mit dem Denken beeinflussen und hervorrufen kann, richtig ist. Aber der Kopf kann eben nur das Gefühl beeinflussen, nicht jedoch die Empfindung, denn die tritt erst zu Tage, wenn der Kopf ruhig ist und die Bewertung schläft – dann erst kann die stille Stimme des Herzens gehört werden.

Alle Menschen sind über ihren Emotionalkörper miteinander verbunden. Alle Menschen sind dabei unsichtbarer Bestandteil von nur einem Emotionalkörper. Über diesen Körper finden auch die Fernwahrnehmung und das hellsichtige Einfühlen statt. Wenn das Herz geöffnet ist und die Empfindung stattfindet, kann ein Mensch sich in andere Menschen wirklich einfühlen, genauso, wie er sich selber empfinden und wahrnehmen kann. Ist das Herz noch nicht geöffnet, findet dieser Kontakt zu anderen Menschen anstatt mit dem Herzen mit dem Verstand statt und ist voller Bewertungen und Kritik, und dieses »Fühlen« ist nicht wirklich eine Empfindung, die aus dem Inneren des Menschen kommt.

Wie schon im Teil I beschrieben, hat C. G. Jung eine gute Definition gefunden zur Unterscheidung zwischen Empfindung und Gefühl: Empfindung kommt zuerst, ist ursprünglich, dann kommt das Denken und dann erst kommt das Gefühl. Das Gefühl bewertet in diesem Zusammenhang, was das Empfinden so wertfrei erst einmal festgestellt hat. Empfinden ist somit ohne Kritik und Abwertung, also noch frei von Ego. Das Ego kommt erst danach und entscheidet dann auf dem Weg über das Denken, was es mit dem Geschehenen anfangen will. Das Ego entscheidet also, was es fühlen möchte! Auch wenn das auf den ersten Blick unglaublich erscheint: Wir entscheiden (zumeist unbewusst) selbst darüber, wie es uns geht und wir fühlen! Wir entscheiden selbst, ob wir Opfer sind oder ob wir uns über unsere Kraft und Macht immer klarer werden und die Opferrolle abgeben.

Wie bei einem Radio entscheidet das Ego, welchen Sender wir im Programm aussuchen. Also, was wir hören wollen. Und auch im richtigen Leben haben wir die freie Wahl aller Frequenzen von Gefühlen. Das Ego will sich natürlich wichtig machen und wählt gern die Sender »Selbstmitleid« und »Größenwahn«. Aber je mehr wir das Ego verfeinern, um so weniger gefallen uns diese Sendungen und um so seltener wählen wir noch diese Frequenzen für unsere Gefühle aus.

Ist das Herz aber verschlossen, dann können bestimmte negative Gefühle nicht gelebt werden, denn das Ego hält zu sehr an ihnen fest. Das Ego will dann einfach nicht wachsen. Dann ist es so, als würde eine Blockade entstehen, die Gefühle stauen sich und es entsteht Druck, um diesen Damm zu brechen. Denn die Gefühle wollen ja auf die Erde kommen. Die Seele kreiert damit immer wieder bestimmte Situationen, die sich so lange wiederholen, bis endlich dieses bestimmte Gefühl empfunden und gelebt wird. Daher kommen also immer wieder dieselben Männer in das Leben einer bestimmten Frau oder ähnliche Familiensituationen oder bestimmte Arbeitsumgebungen. Das Wegdrücken bestimmter Gefühle macht eben diese Gefühle unendlich stark, so wie das Ablehnen bestimmter Lebenssituationen eben diese herbeibeschwört.

Noch einmal (aber jetzt wirklich zum letzten Mal) möchten wir als Beispiel die Angst nehmen, von einem Hund gebissen zu werden. Diese Angst hat wahrscheinlich den Hintergrund, dass ich als Kind einmal von einem Hund gebissen wurde. Damals als Kind war ich aber noch zu klein, um diese Situation emotional bewältigen zu können, und bin innerlich »ausgestiegen«. Ich habe mein Erleben von der Realität entfernt und bin der Situation damit entkommen. Leider habe ich das sicher unangenehme Gefühl »vom Hund gebissen werden« damit nicht empfunden und irgendwie energetisch in mir blockiert. Nun suche ich unterbewusst eine Situation, wo dieses Gefühl wieder aktiviert wird, damit es empfunden werden und damit in mein Leben integriert werden kann. Die energetische Blockade wird dadurch wieder gelöst.

In der Psychologie verwendet man bei schwerwiegenden Problemen, die in der Kindheit auftreten und nicht bewältigt werden können, den Begriff der »Ich-Störung«: Solche Menschen ziehen dann zwanghaft im späteren Leben immer wieder ähnliche Geschehnisse in ihr Leben, indem sie bestimmte Dinge einfach immer wieder tun. Dieses auf den ersten Blick widersinnige und dumme Verhalten wird als psychologische Störung gewertet, da normalerweise ein Mensch ja Erfahrungen sammelt und deshalb bestimmte Situationen zu umgehen lernt. Aber aus Sicht der Gefühle macht es durchaus Sinn: Denn die immer wiederkehrenden unangenehmen Erlebnisse hängen mit diesen verdrängten und blockierten Gefühlen zusammen, die endlich erlöst und empfunden sein wollen.

Gefühle wollen auf die Erde kommen. Ein Denkansatz wäre, dass sich die Seele vor der Inkarnation bestimmte Themen aussucht, vielleicht auch aus früheren Leben, die in diesem Leben erfahren und transformiert werden wollen. Werden Gefühle abgelehnt, dann kommen sie aber nicht auf die Erde und bleiben irgendwo, auf dem Weg zwischen Himmel und Erde (wenn man so will) stecken. Weiter gedacht ist also auch ein Mensch, der nicht wirklich empfindet, in bestimmter Weise nicht wirklich auf der Erde. Das führt uns wieder an den Punkt, dass wir fast alle nur ein Zipfelchen unseres Potenzials kennen. Denn in der Sichtweise des Empfindens sind wir alle irgendwo nicht wirklich lebendig. Sich mit Empfinden und ungelebtem Schmerz zu beschäftigen, ist daher ein sehr guter Weg, um ganz auf die Erde zu kommen, man könnte auch sagen, um ganz zu werden. Die Sufis segnen aus diesem Grunde auch alle Menschen von alters her mit den Worten: »Werde, was du schon immer bist!« Gemeint ist damit, wirklich empfindend zu werden, mit offenem Herzen. Und damit irgendwann einmal das zu sein, was das höchste Potenzial von uns ist.

ZUSAMMENFASSUNG EGO UND EMPFINDUNG:

Ein grobes, unverfeinertes Ego kann keine Kritik annehmen, sucht Perfektion bei sich selbst und liebt es, die Fehler des anderen zu diskutieren. Es stört den Prozess des Manifestierens durch sein Nicht-in-Liebe-Sein. Es ist nicht Eins mit allem, sondern gibt seine ganze Kraft in Trennung.

Umgekehrt, wer wirklich empfinden kann, was ist – in sich selbst und um sich herum –, und wer dabei der Liebe stets den Vorzug geben kann, das heißt, wer auch sich selbst mit Fehlern lieben kann und anderen erlauben kann auch mal besser zu sein, der hält die wahre Schöpferkraft in Händen. Ein verfeinertes Ego ist der universellen Einheit näher. Es lässt das Fixiertsein auf Trennung los. Und erhält damit den Zugang zur schöpferischen Energie der Einheit.

Auf einen Nenner gebracht heißt die Formel:
Viel Selbstliebe, verfeinertes Ego, mit Genuss und Tiefe empfinden können = viel Schöpferkraft.
Geringer Selbstwert, grobes Ego, »Gefühlsduseleien« uncool finden = wenig Schöpferkraft.

Noch mehr Gefühlsarten

In manchen Regionen der Welt gibt es ganz viele verschiedene Begriffe für Schnee, um die unterschiedlichen Beschaffenheiten genau zu beschreiben. Bei uns gibt es stattdessen 125 verschiedene Grautöne in Farbskalen …

Das ist nur ein kleiner Scherz am Rande. Aber was wir vielleicht besser gebrauchen könnten als 125 Grautöne, das wären mehr klar unterscheidbare Begriffe für den Gefühlssektor. Wir haben nur einen Begriff für viele verschiedene Dinge. Das führt zu Verwirrungen. Wir können schon allein deshalb nicht klar kommunizieren, was wir gerade fühlen, weil uns die Begriffe dazu fehlen. Immer wieder wird daher versucht zu unterscheiden und das, was man entdeckt, irgendwie auf die vorhandenen Begriffe neu aufzuteilen. Wir möchten deswegen hier noch ein paar mehr Unterteilungen vorstellen und sie noch ein bisschen genauer erläutern. Denn alleine das darüber Nachdenken hat bereits eine ordnende Wirkung auf den Gefühlskörper. Die Begriffe sind dabei am Schluss egal, es geht nur um das innere Bewusstwerden dieser verschiedenen Arten von Gefühlen.

1. Gefühl oder Empfindung im Jetzt: Ein aus dem Moment heraus entstehendes Gefühl nennen wir nach wie vor Gefühl oder nach C. G. Jung das erste Empfinden, die erste Wahrnehmung der Umwelt. Es geht uns hier nicht darum, welcher Begriff an welcher Stelle richtiger ist, sondern nur um die Gelegenheit, durch verschiedene mögliche Definitionen differenzierter in sich hineinspüren zu können, wo ein Gefühl wirklich seinen Ursprung hat.

Wenn wir dies als Übung hin und wieder machen, verbessert sich sowohl unsere Feinwahrnehmung als auch unser Verständnis für uns selbst. Und danach können wir die ganzen verschiedenen Begriffe auch wieder vergessen und das übliche Wort Gefühl als Überbegriff für alles benutzen. Denn wenn wir nur wieder zu viel nachdenken, welcher Begriff denn jetzt richtig ist, sind wir garantiert wieder im Kopf und nicht im Herzen.

2. Emotion: (lat: ex »heraus« und motio »Bewegung, Erregung«) Wenn ein aus einem Moment heraus entstehendes Gefühl zu heftig ist und derjenige das Gefühl hat, es nicht aushalten zu können, verdrängt er es, anstatt es ganz zu erleben. Dieses Gefühl senkt sich dann ab auf die Körperebene und wird in den Körperzellen gespeichert. Ein Gefühl kann sehr von der subjektiven Bewertung des Ego abhängen und wird dann zur Emotion. Wenn so ein altes Gefühl von unten aus der Körperebene hochköchelt, weil es sich bemerkbar machen und erlöst werden will, dann hat es mit dem jetzigen Moment wenig zu tun. Vielerorts wird es dann auch nicht mehr Gefühl, sondern Emotion genannt.

Beispiel 1: Mein Hund wird überfahren, ich erlebe ein Gefühl von Trauer. Das ist normal, gesund und gehört in den Augenblick.

Beispiel 2: Der Hund wurde überfahren als ich ein Kind war. Mir wurde gesagt, ich solle nicht weinen und das unausgedrückte Gefühl hat sich auf der Körperebene abgespeichert und ist eine Emotion geworden. Immer wenn jemand in meiner Nähe sich stark gefühlsmäßig bewegt zeigt, wird es mir unangenehm. Ich »fühle« mich unwohl, weil das Bewegtsein des anderen in mir die alten Emotionen aufweckt. Das will ich nicht, also muss ich den Angriff der Emotionen mit beispielsweise Coolness schnellstens abwehren.

3. Intuitives Gefühl: (lat: intueri »betrachten, erwägen«) wird auch oft Bauchgefühl genannt. Hier kommt noch eine ganz andere Art von Gefühl: Zu Beginn des Buches haben wir überlegt, dass manche Gefühle wie eine Art komprimierter und abgespeicherter Gedanken sind. Sie fassen unsere Erlebnisse und Erfahrungen zusammen und erlauben uns so einen schnelleren Zugriff auf abgespeicherte Daten. Wenn wir dann einer komplexen Situation gegenüberstehen, müssen wir oft nicht alle Einflussfaktoren in Gedanken einzeln durchgehen, sondern eine Art Gesamtgefühl meldet uns, was Sache ist.

Beispiel: Ich will eine neue Putzfrau einstellen und habe drei zur Auswahl. Ohne dass ich von allen einzeln die Tonlage, Körperhaltung, Blickkontakt, Wortwahl, Mimik, Ausstrahlung analysieren müsste, meldet mir eine Art Gesamtgefühl, welche die Beste ist.

Das wird das intuitive Gefühl genannt. Dieses Gefühl ist eine Art zusammengefasster Gesamteindruck aufgrund meiner bisherigen Lebenserfahrungen. Damit wird auch klar, warum die Intuition nicht unfehlbar ist, weil sie sich auf meine Lebenserfahrung und damit meine bisherigen Bewertungen der Welt bezieht, zumindest teilweise.

4. Der siebte Sinn: Es gibt auch davon noch eine Sonderform, für die wir auch erst ein neues Wort erfinden müssen, obwohl wir sie kennen: Wir könnten diese Sonderform »den siebten Sinn« oder »Intuitives Empfinden« nennen und damit solche Intuitionen beschreiben, die mehr objektiv übergeordneten Charakter haben und aus einer Sphäre jenseits unseres Ego oder unserer irdischen Erfahrungen kommen.

5. Empfinden: Empfinden ist, wie Manfred bereits geschrieben hat, etwas, was »man in sich findet«, so der althochdeutsche Wortstamm. Man findet beim Empfinden quasi sich selbst in der eigenen inneren Stille bei geöffnetem Herzen. Dort lässt sich eine ganz eigene, erfüllende Empfindungswelt finden.

Sie bildet damit einen Gegensatz zu den Gefühlen, die mehr durch äußere Eindrücke ausgelöst sind. Gefühle können auch ganz von Außen angenommen worden sein. Wir können beispielsweise mit-fühlen, uns mit dem anderen verbinden und so dessen Gefühl auch leicht und vom Bewusstsein oft unbemerkt »übernehmen«. Wirklich mitfühlend kann allerdings nur der sein, der sich selber in sich empfinden kann. Gefühl muss daher nicht unbedingt zu mir gehören, im Gegenteil, wenn ein Mensch nicht wirklich empfindet, dann ist da eine gewisse Leere in ihm, er spürt sich nicht, hört nicht auf sein Herz, weiß nicht, was ihm gut tut, lebt nicht tatsächlich, sondern »wird gelebt«, gehorcht den Umständen und den Meinungen der Außenwelt. Er ist häufig abhängig vom Außen, denn innen ist ja nichts, da empfindet er nichts. Und diese Leere füllt solch ein Mensch nun aus mit allen Arten von Kompensationen, um eben die Leere, das Getrennt-sein von sich selbst, nicht zu erleben. Er übernimmt die Gefühle aus dem Außen und hält sie für die eigenen.

Es erinnert mich ein wenig an den bekannten Cartoon von Loriot mit dem Frühstücksei, in dem der Ehemann sich über sein hartes Ei beschwert, und der Ehestreit dann in der Anklage der Ehefrau endet: Willst du etwa damit sagen, ich hätte kein Gefühl??!

Es ist schon fast eine Zeitqualität unserer Welt, dass immer mehr Interesse am Außen gezeigt wird als an den eigenen, inneren Vorgängen. Die innere Leere wird mit von außen kommenden Gefühlen und Informationen gefüllt, ist auf diese Art allerdings nicht zu stillen. Geheilt werden kann diese Leere nur durch die Wendung nach innen, in der Beschäftigung mit den Gefühlen und Ängsten und im Annehmen der unliebsamen Teile davon. Und mit der Rückkehr zum Empfinden des eigenen ursprünglichen Seins.

Empfinden ist daher auch der universelle Teil in uns, der fühlt. Das ist unsere neue Definition dieses Wortes. Empfindungen in diesem Sinne werden auch als die Gefühle der Seele betrachtet. Welche Empfindung steigt in mir auf, wenn ich ganz in die Stille, in mich selbst hineinhorche? Wenn einmal das irdische Ego schweigt und ich auf die universelle Urkraft in mir lausche? Wenn ich mein Herz öffne und einfach bin, ohne Erwartungen und ohne Bewertungen? Dann steigen Empfindungen auf, die das ausdrücken, was unsere Seele uns mitteilen möchte. Diese Art von Gefühl wird daher auch als zutiefst befriedigend erlebt, weil es uns zurückverbindet mit unserer Urkraft. Wir fühlen, pardon empfinden, auf einmal keine Trennung mehr, sondern wir empfinden ein Gefühl von Einheit mit allem.

Das Wort Gefühl passt deshalb so schlecht dazu, weil dieses Empfinden der universellen-göttlichen Einheit ja nicht ein Gefühl ist, das aus dem Moment heraus entsteht, sondern es ist das Urgefühl, das eigentlich immer in uns ist, nur dass wir meist zu beschäftigt sind mit den irdischen Gefühlen, um das Empfinden der Unendlichkeit noch wahrzunehmen. Doch je öfter wir es tun, desto voller sind unsere Lebensbatterien, unsere innere Kraft, und wir haben eine gewisse Grundfreude an allem, was wir tun. Sich selbst und den eigenen universellen-göttlichen Kern zu empfinden ergibt ein erfüllendes Gesamtgefühl und stillvergnügte, selbstgenügsame Zufriedenheit. Wir schweben innerlich befriedigt in einer Art lebendiger Erinnerung an die Einheit.

Und wir nennen diesen Zustand der besseren Unterscheidung halber Empfindung. Nun möchte auch dieses Empfinden gefühlt werden und es möchte sich ausdrücken. Und es ist das Gefühl mit der größten Schöpferkraft aus spiritueller Sicht. Wenn ein Empfinden direkt aus meinem Seelenkern kommt und frei fließen darf und wahrgenommen wird, dann erschafft es hoppla-di-hopp und ohne lange Lieferfristen. Dieses Empfinden können wir auch umschreiben als »das Gefühl der Einheit in uns«.

Je mehr ein Mensch sich davon abschneidet, desto mehr fühlen dieser Mensch und seine Seele sich heimatlos. Sie haben kein Zuhause mehr in sich selbst und spüren sich nicht mehr wirklich. Das hat zur Folge, dass das ursprüngliche Empfinden von seiner Schöpferkraft abgeschnitten wird. Stattdessen erschaffen, langsamer und zäher zwar, die kompensatorischen Gefühle. Das bedeutet für die Seele, dass haufenweise Dinge geschehen, die sie nicht fühlt und daher auch nicht versteht.

Beispiel: Nehmen wir an, das Empfinden der Seele wollte Verbundenheit mit einer bestimmten anderen Seele erleben. Dieser Mensch spürt sich aber nicht, hat Angst alleine zu sein und säuft mit den Kumpels einer Clique, um dort akzeptiert zu sein. Das Gefühl der Angst vor Trennung und Ablehnung erschafft auf die Dauer genau diese. Da dieser Mensch im angstgetriebenen Cliquenbewusstsein lebt, übersieht er den Menschen, der eigentlich zu ihm passt, und verbringt stattdessen seine ganze Zeit mit Menschen, die nicht passen, und versucht die zwanghafte Anpassung an diese. Der Mensch, der passen würde, steht verwaist daneben. Das versteht die Seele nicht. Ihre Empfindung geht ins Leere. Dieser Mensch ist von seinem Empfinden, seiner Quelle, abgeschnitten. Aus der inneren Leere heraus sucht er eine Gefühlsübereinstimmung mit der Umwelt und dem äußeren Geschehen und das am liebsten rund um die Uhr in immer neuen Gefühlen, die sich am Außen orientieren. Es wird schließlich eine Sucht nach äußeren Gefühlen und deren Übereinstimmung mit der Umwelt daraus. Diese liefert aber nur eine Ersatzgeborgenheit, denn was wir eigentlich alle suchen ist die Rückkehr zum Empfinden der Quelle.

Zusammenfassung der Gefühlsarten und Herzenswünsche:

Gefühl entsteht aus dem Moment heraus.

Emotion: noch nicht zu Ende erlebte und in der Tiefe abgespeicherte Gefühle, die durch alle möglichen Auslöser so halb und halb geweckt werden können. Sie sind keine direkte natürliche Reaktion auf das, was gerade geschieht, sondern sie sind indirekt ausgelöste Erinnerungen an das eigentliche Gefühl.

Intuitives Gefühl: fasst Eindrücke zusammen und vergleicht sie mit bisherigen Erfahrungen.

Empfinden ist das Gefühl der Einheit in uns. Es kommt aus dem Herzen und aus unserer Seele und hat die größte Schöpferkraft. Alle Wünsche, die entstehen, während wir uns in so einem Empfinden der inneren Einheit mit allem befinden, haben die größte Verwirklichungskraft. Es sind die reinsten Herzenswünsche, die denkbar sind.

Sie müssen deswegen nicht wer weiß wie viel edler sein als andere Wünsche. Sie werden trotzdem sicherlich nie jemandem schaden und auch der Natur nicht, da sie ja aus dem sich All-eins-Fühlen kommen, aber sie können auch ganz banale kleine Freuden des Alltags einschließen.

In dem Moment, in dem sie aus dem Empfinden und aus dem Herzen kommen, kennen sie keine Angst, keine Zweifel und kein Halten. Sie haben größtmögliche Kraft, weil sie aus dem Wissen um die eigene göttliche Kraft geboren sind.

Jedes Gefühl beinhaltet
sein Gegenteil

Sichtbare, für die materielle Welt geltende Gesetzmäßigkeiten gelten auch im Unsichtbaren. Dies will uns die folgende Aussage der Eingeweihten des Mittelalters verdeutlichen: wie oben, so unten und wie innen, so außen. Was für den sichtbaren, materiellen Bereich offensichtlich richtig ist, gilt auch unsichtbar, in geistigen und emotionalen Bereichen. Nimmt man nun die Welle als Urprinzip des alchemistischen Anwendungsprinzips »solve et coagula« (löse auf und verbinde wieder), so ist die Welle auch nur ein Ausdruck der Tatsache, dass alles in der Welt ins Gleichgewicht strebt. Wo etwas zu viel ist (Wellenberg), wird es durch ein Zuwenig ausgeglichen (Wellental). Wenn wir im Meer stehen, dann ist die Welle einmal weg (das Wasser hat sich scheinbar in Luft aufgelöst, unsichtbar gemacht) und dann ist die Welle wieder da (das Unsichtbare hat sich wieder zur Wasserwelle zurückverbunden).

Wenn wir am Strand stehen, dann kommt eine Welle und sie geht wieder. Wenn die Welle gerade nicht da ist, heißt das also nicht, dass es keine Welle gibt, sondern nur, dass es gerade ein Wellental gibt und der Wellenberg sicher im nächsten Zyklus wiederkommen wird. Es ist nur Ausdruck der Polarität, dass es hell und dunkel gibt oder, um bei der Welle zu bleiben, dass es ein Kommen und Gehen des Wassers gibt, nach dem Motto: Wasser ist da (Helligkeit) oder Wasser ist nicht da (Dunkelheit). Die Polarität ist aus Gegenteilen aufgebaut, die sich immer wieder abwechseln, um ein Gleichgewicht, einen Ausgleich herzustellen.

Schon seit Jahrtausenden gibt es dazu spirituelle Sichtweisen. Beispielsweise glauben die Sufis, dass die Abwesenheit einer bestimmten Qualität in meinem Leben nur bedeutet, dass ich mich genau mit dieser Qualität näher befassen sollte. Denn wenn sie nicht da ist, dann ist es an mir, sie zurückzuholen. Solche Qualitäten können alles sein, von Durchsetzungskraft über Annahme bis Mitgefühl und Weisheit. Und da die Sufis den Glauben haben, alles, was ist, wurde von Gott geschaffen (und damit stehen sie sicher nicht alleine), sind alle Qualitäten und Eigenschaften, die ein Mensch haben kann, auch göttlicher Natur. Sie verwenden daher bestimmte Anrufungen Gottes, sogenannte »Wasifas«, um diese bestimmte Qualität mehr in ihr Leben zu bringen, da ja die Umstände offensichtlich von ihnen fordern, sich mit diesem Thema mehr zu beschäftigen. Wasifas sind in etwa so ähnlich wie Mantras, oder das Beten eines Rosenkranzes, aber stammen aus dem arabischen Sprachraum. Wie eben beim Wasser beschrieben, bedeutet die Abwesenheit einer bestimmten Charaktereigenschaft bei einem Menschen nicht die völlige Unmöglichkeit, diese überhaupt zu erlangen, sondern nur die Notwendigkeit, dass diese »in Schwung gebracht wird«, denn sie ist angelegt da, sonst könnte sie nicht fehlen und so unser Thema sein.

Diese Auffassung der Sufis deckt sich mit der Sichtweise

der mittelalterlichen Mystiker. Die von ihnen verwendete hermetische Philosophie (Hermetik) geht ursprünglich auf Hermes Trismegistos zurück, der um 2000 vor Christus gelebt haben soll. Seine Hermetik basiert auf sieben Axiomen oder Prinzipien, von denen wir das Zweite (»wie oben, so unten«) bereits kennen. Da jetzt sicher alle neugierig geworden sind, hier einmal alle Grundannahmen der Hermetik im Überblick:

1. Prinzip der Geistigkeit: Das All ist Geist, das Universum ist geistig.
2. Prinzip der Entsprechung: Wie oben, so unten. Wie unten, so oben. Gesetze, die für die Materie gelten, gelten auch für Seele und Geist. Und umgekehrt.
3. Prinzip der Schwingung: Nichts ruht, alles bewegt sich, alles schwingt.
4. Prinzip der Polarität: Alles ist zweifach, alles besteht aus einem Paar von Gegensätzen. Gleich und Ungleich ist dasselbe. Gegensätze sind ihrer Natur nach identisch, nur im Grad verschieden. Alle Paradoxa können in Übereinstimmung gebracht werden.
5. Prinzip des Rhythmus: Alles fließt. Alles hat seine Gezeiten. Alles hebt sich und fällt. Rhythmus gleicht aus.
6. Prinzip der Ursache und Wirkung: Jede Ursache hat ihre Wirkung. Jede Wirkung hat ihre Ursache. Alles geschieht gesetzmäßig.
7. Prinzip des Geschlechts: Geschlecht ist in allem. Alles hat sein männliches und sein weibliches Prinzip in sich.

Das vierte Prinzip sagt also, dass alles aus Gegensätzen aufgebaut ist. Nach dem fünften Prinzip gehen diese Gegensätze ineinander über und werden durch den Rhythmus ausgeglichen. Auch hier wird deutlich, dass eine Eigenschaft eines Menschen nur existieren kann, wenn gleichzeitig auch ihr Gegenteil vorhanden ist, nur eben noch nicht sichtbar.

Noch deutlicher wird Heraklit, der griechische Philosoph. Er lebte etwa um 500 vor Christus. Die Erfahrungswelt des Menschen ist auch für ihn aus Gegensätzen aufgebaut. Sommer und Winter, Wärme und Kälte, Tag und Nacht, Reichtum und Armut – all dies wird menschlich nur erfahrbar, wenn man auch das betreffende Gegenteil kennt. Jede Qualität ist nur im Kontext zu ihrem Gegenteil verstehbar. Heraklit erkennt darüber hinaus eine »Einheit der Gegensätze«: Für ihn wird durch seine Erkenntnis »panta rhei« (alles fließt) eine statische Welt unmöglich. Ewig ist nur der Wandel. Die scheinbaren Gegensätze der Welt gehen immer wieder ineinander über und wechseln sich ab. Der Tag wird zur Dämmerung, dann zur Nacht und durch die Morgendämmerung wieder zum Tag. Die Welle kommt und die Welle geht. Für Heraklit ist die sich immer neu verwandelnde Welt geprägt durch einen »Streit der Gegensätze«, einen Streit, der im besten Sinne zu einer innewohnenden Harmonie führt, so dass sich alle Polaritäten in unserer Erfahrungswelt immer wieder abwechseln können. Für ihn bestehen diese Polaritäten und Gegensätze aber gleichzeitig miteinander und bilden Gegensatzpaare, die untrennbar sind, z.B. Tag/Nacht, Sommer/Winter. Diese Paare betrachtet er als Einheit, die in sich beide Seiten enthält, so ähnlich wie das Yin/

Yang-Zeichen. Die beiden Aspekte der Einheit Tag/Nacht bedingen einander, ohne Nacht gäbe es auch keinen Tag. Tag und Nacht gehen immer wieder ineinander über, ohne dass einer der beiden Teile verloren gehen könnte, auch wenn sie zwischenzeitlich unsichtbar werden und scheinbar verschwunden sind.

Für Heraklit besteht das Prinzip der Welt also daraus, dass sich in den Gegensätzen eine verborgene, tiefer liegende Einheit zeigt, die das scheinbar Verschiedene beinhaltet und wieder zusammenführt. Es gibt also etwas Ständiges, Gleichbleibendes, das sich durch das Umschlagen einer Polarität in die andere nur scheinbar stetig wandelt. Für ihn ist also »der Streit das Wesen aller Dinge«, der aber die Harmonie in sich trägt.

Interessant ist schließlich noch die Sichtweise, dass in den Polaritäten eine Qualität bestimmend ist. Beim Gegensatzpaar Licht/Dunkelheit ist ganz klar das Licht dominierend. Wenn es dunkel ist und wir machen das Licht an, dann wird es hell. (Probier doch mal, die Dunkelheit anzuknipsen, wenn es hell ist.) Dunkelheit ist daher nur die Abwesenheit von Licht. Licht dominiert über die Dunkelheit. Ein versöhnlicher Aspekt der Dualität, denn damit ist auch gezeigt, dass Liebe immer über den Hass dominiert. Hass verschwindet genauso wie die Dunkelheit, wenn die Liebe erwacht.

Was bedeutet dies für unsere Gefühle? Wenn die Annahme: wie innen, so außen, zu Ende gedacht wird, so kann also auch innen eine Art Wellencharakter im Gefühlskörper angenommen werden. Auch Gefühle sind »immer im Fluss«. Man kann es gut erkennen bei den Teenagern, die typischerweise »himmelhoch jauchzend« und »zu Tode betrübt« sind. Hier wird gerade der Gefühlskörper entwickelt, der entsteht und ausreift, wenn auch der Mensch »ausgewachsen« wird. Das ist sicher auch ein Anzeichen für diese wellenförmige Grundstruktur der Gefühlswelt. Die Gefühle brauchen irgendwie den Ausgleich und so kennen wir sicher alle das Phänomen, nach einem wunderschönen Seminar oder einem tollen Wochenende zurück im Alltag den Blues zu bekommen, eine gewisse Traurigkeit macht sich breit. Hier schwingt sich auch die Gefühlswelle wieder ein und pendelt sich in ein Gleichgewicht ein. Das soll sicher nicht bedeuten, dass wir Zeit unseres Lebens mit solchen Schwingungen konfrontiert sein und darunter leiden müssen. Das Leiden entsteht nämlich erst, wenn wir bestimmte Gefühle nicht wirklich erleben und empfinden möchten und damit eine Seite der Polarität eines Gefühlspaares (z.B. Unglück/ Freude) nicht annehmen. Dann kann auch die positive Seite des Gegensatzpaares nicht ins Leben kommen.

Dass auch der Emotionalkörper bestimmten Schwingungen ausgesetzt ist, zeigt sich auch sehr deutlich am Biorhythmus, bei dem der seelische Rhythmus 30 Tage für einen Durchlauf benötigt.

Gefühle sollten wir also als Wellen betrachten, nicht einseitig, sondern als Ganzheit. Ein Gefühl ist immer mit seinem Gegenteil verbunden, so wie ein Wellental ohne seinen Wellenberg nicht sein könnte. Wie bei den Gegensätzen hell/dunkel, schwarz/weiß gibt es auch im Gefühlskörper diese Polaritäten, sie treten gewissermaßen immer auch im Doppelpack auf. Und wenn eine Seite, die meist als schmerzhaft erscheint, verdrängt und nicht gelebt und gefühlt wird, kann auch die andere Seite nicht auf die Erde kommen. Wenn der Wellenberg nicht erlaubt ist, kann auch kein Wellental entstehen. Der Gefühlskörper existiert ebenfalls in der Polarität und ist daher auch ein Gegensatzkörper. Und wenn wir lernen etwas »Ungutes« zu empfinden und zu erleben, so wird auch der Weg frei für den positiven Aspekt dieser Dualität, nämlich das, was uns glücklich macht. Und weil das alles doch sehr abstrakt klingt, hier besser gleich mal ein paar Beispiele:

Aus eigener Erfahrung kann ich sagen, dass es tatsächlich stimmt: Wenn ein negatives Gefühl wirklich empfunden wird, dann löst es sich auf und wird zu seinem Gegenteil. Für das »Ich-Gefühl« oder auch Ego ist es aber schrecklich. Wie schon beschrieben wurde, klebt das Ego am Gefühl, und wenn so ein Gefühl sich dann auflöst, ist es für das Ego so, als würde es sterben, sich in Luft auflösen. Ich denke, dass deshalb die Sufis sagen: »Stirb, solange du lebst« und sie meinen damit sicher genau diesen Prozess, bei dem das Ego denkt, es stirbt. Aber dafür kommt ja auch ein wenig mehr des wahren Selbst ans Licht und wird dabei geboren.

Für mich (Manfred) war mein Leben früher gekennzeichnet durch die Erfahrung von Trennungen. Nachdem ich mit 17 meine erste große Liebe schmerzvoll durchlebt hatte (aber leider nicht empfunden), waren die folgenden beiden Trennungen von Beziehungen für mich weiterhin sehr schmerzlich und mit langen und quälenden Fragen der Selbstzerfleischung verbunden: »Was habe ich falsch gemacht?«, »Was hätte ich besser machen können?«, »So eine tolle Frau findest du nicht mehr« usw. Immer fand ich aber Möglichkeiten der Ablenkung, um mein Gefühl des Alleinseins, der Abweisung und Ablehnung nach der Trennung nicht zu erleben: Es fanden sich Freunde, mit denen ich immer wieder darüber reden konnte, es fanden sich neue Liebschaften, es gab die Arbeit, eine Weiterbildung, das Fernsehen, was auch immer. Dann aber, bei meiner letzten Trennung, geschah etwas ganz anderes: Ich habe es irgendwie geschafft, wirklich ins Gefühl zu kommen, mich alleine und abgewiesen zu fühlen und dabei ganz ins Empfinden zu kommen. Und es geschah etwas sehr Merkwürdiges, ja Unglaubliches: Mir ging es immer wieder zwischendurch richtig gut! Ich fühlte mich geliebt, geschützt, geborgen, mit mir selbst und ganz alleine. Es war, als ob meine Seele wüsste, wunderbar, hier passiert was Gutes! Weiter so! Ich suchte dabei regelrecht das Alleinsein, war viel in der Natur, lenkte mich nicht mehr ab durch dauerndes Reden und Zerreden des Themas. Und dabei habe ich es irgendwie geschafft, mehr und mehr aus mir selbst zu leben, niemanden mehr zu brauchen, um mein Loch zu füllen, das sich weit gähnend geöffnet hatte, wenn ich alleine war.

Es stimmt also wirklich, ein erlebtes ungutes Gefühl wandelt sich um in sein Gegenteil. Erlebte Liebe ist dem Zustand des reinen Seins, aus dem die gesamte Existenz letztlich aufgebaut ist aus spiritueller Sicht, am nächsten. Sie braucht sich also nicht ins Gegenteil zu wandeln, weil sie der Ursprung des Seins ist. Trotzdem entsteht auch wieder ein Gegenteil: ein mal größeres, mal kleineres sich Entfernen von der Quelle, um sie beim Zurückkehren wieder umso deutlicher wahrnehmen zu können. Beispiel: Dass Luft warm ist, wird dir besonders bewusst, wenn es mal ein paar Tage lang richtig kalt war.

Auch durch diese Wandlung des unguten Gefühls wird es beispielsweise erst möglich, ein guter Beziehungspartner zu sein. Plötzlich fand ich in Bärbel eine Frau, die Kinder mit mir wollte! Hoppla, das war neu! Und auf einmal konnte ich auch sagen, was ich in der Beziehung und für mich wollte, während ich früher mit der Angst vor der Trennung im Nacken eher überangepasst war, »alles für den Partner tat«, um nicht allein sein zu müssen. Tja, mit der Liebe ist es so eine Sache: Wenn ich mich selbst nicht liebe, kann ich wohl auch schlecht jemand anderen lieben. Allen Lippenbekenntnissen zum Trotz.

Jedenfalls bin ich mir sicher, dass ich durch das Durchleben der Trennung nun in meinem Leben keine solche Trennung mehr brauche, da sie ja erlebt und damit aufgelöst wurde. Meine »Angst vor der Angst« vor der Trennung ist weg und einem größeren Selbstbewusstsein gewichen. Ich weiß, ich kann eine Trennung wirklich erleben, und ich habe die positiven Seiten daran erfahren dürfen und damit hat meine Seele keinen Grund mehr, mir weiterhin solche Situationen vorzusetzen.

Das ist ein wichtiger Punkt für alle Singles: Wenn wir »Ja« sagen zum Single-Dasein statt »Nein«, lösen wir den Widerstand auf. Wir können »Ja« sagen und diese Zeit nutzen, um an uns selbst zu arbeiten und um die nächste Beziehung auf einer höheren Ebene führen zu können, anstatt dieselben alten Muster wie in den letzten Beziehungen weiter zu leben. »Nein« zu sagen zum Single-Dasein bedeutet, daran festzukleben. Denn das Nein hat eine starke Energie, es hält uns fest im Abgelehnten. Erst das Annehmen löst die Verbindung und macht den Weg frei für eine neue Beziehung auf höherer Ebene. Viele

Menschen kennen das, dass ihnen der oder die Richtige genau dann begegnet ist, als sie gerade gar nicht auf der Suche waren. Sie hatten losgelassen und waren zufrieden damit, erst mal an sich selbst zu arbeiten. Und eine Beziehung, die man in diesem energetischen Zustand findet, hat eine viel höhere Qualität als eine, die man im Zustand von Angst vor dem Alleinsein eingeht.

ZUSAMMENFASSUNG:
Jedes Gefühl beinhaltet sein Gegenteil und ein einmal ganz erlebtes unangenehmes Gefühl wandelt sich um in sein Gegenteil.

Das fühlende Herz:
die jüdische Kabbala

Wie so vieles, was uns brandneu erscheint, ist auch das Wissen über Gefühle und Empfindungen schon so alt wie die Menschheit. Das Neue daran ist aber, dass dieses Wissen nun der ganzen Menschheit zur Verfügung gestellt wird. Doch das Wissen alleine genügt nicht, es braucht noch die Energie, dieses Wissen zu leben.

Mit anderen Worten, der Gedanke an ein neues Ziel ist eins, aber er braucht eine Aktivierungsenergie, nämlich das richtige Gefühl, damit das Neue wirklich entstehen kann. Gefühle sind eine Art »emotionales Führungssystem«, sie wollen uns anzeigen, ob wir gerade auf unser Wunschziel zusteuern oder uns davon entfernen. In jedem Augenblick, in dem wir ein negatives Gefühl haben, entfernen wir uns vom Ziel, und in jedem Augenblick, in dem wir ein positives Gefühl haben, kommen wir unserem Ziel näher.

Unsere wichtigste Aufgabe beim Erschaffen unserer Wunschrealität ist daher, dafür zu sorgen, dass wir überwiegend positive Gefühle haben. Wenn wir das schaffen, dann schafft das Leben es auch, uns die richtigen Gelegenheiten zukommen zu lassen, um genau das zu erreichen, was wir uns bestellt, erträumt oder gewünscht haben. Und um tiefempfundene positive Gefühle zu haben, müssen wir uns erst mal mit den alten, im Zellgedächtnis abgespeicherten Gefühlen anfreunden und unsere eigenen innersten Gefühle schrittweise kennenlernen.

Wir (Bärbel und Manfred) haben den Eindruck, dass in den nächsten Jahren noch viele Bücher zum Thema Gefühle geschrieben werden und dass dabei auch viel altes Wissen wieder neu entdeckt werden wird. Weil wir uns als Gesellschaft so weit davon entfernt haben, dauert auch die Reise zurück zum wirklichen Fühlen und Empfinden ein Weilchen.

Das Wissen über Gefühle ist seit Jahrtausenden beispielsweise auch in den Verschlüsselungen der jüdischen Geheimlehre, der »Kabbala« zu finden. Die Kabbala berichtet über den Weg des Menschen hin zum vollkommenen Dasein. Es war früher ein Geheimnis. Früher war das Studium dieses Wissens nur Auserwählten vorbehalten und man wurde als Schüler erst zugelassen, wenn eine gewisse Lebenserfahrung vorlag, meist erst im Alter von 40 Jahren. Also eine frohe Kunde für alle, die wie wir nur noch zur Ü30-Party zugelassen werden: Alter hat auch seine guten Seiten! Die Kabbala ist durch 10 verschiedene Qualitäten beschrieben, die als Sephirot bezeichnet werden, und jede dieser Qualitäten stellt menschliche Wachstumsstufen dar. Je nach Entwicklung des Menschen beschäftigt sich dieser Mensch mit der einen oder anderen Stufe, er studiert die Schriften und wächst in das Thema hinein. Übrigens sind die Verbindungswege zwischen den einzelnen Sephirot später als die 21 höheren Tarotkarten bekannt geworden, die »Großen Arkana«. Auch die Tarotkarten verwenden damit dieses uralte Wissen in neuer Verpackung. Je nach Entwicklung lebt der Mensch diese Stufen lichtvoll oder eher im Schatten. Denn auch die Sephirot sind polar und in Gegensätzen aufgebaut. Beispielsweise hat die achte Sephirot die Bezeichnung Pracht und/oder Leid, je nach Entwicklungsstand eines Menschen. Für die Betrachtung des empfindenden, offenen Herzens ist nun die sechste Sephirot wichtig, die Tipheret genannt wird und mit den lichtvollen Qualitäten Schönheit und Mitgefühl versehen ist. Sie ist verbunden mit Liebe und Annehmen. Als Gegenteil, als die Schattenseite, sind hier aber auch das Bewerten, Kritisieren und das nach Perfektion Streben zu finden, jene Seiten, die mit dem menschlichen Ego in Verbindung gebracht werden können. Die wachsende Liebe ist also so etwas wie ein Dompteur, der das scheinbar so wilde Tier Ego zähmen kann.

Auf dem Weg des Menschen durch die verschiedenen Ebenen der Kabbala, um zur Weisheit zu gelangen, ist der Schritt der Herzöffnung in der sechsten Sephirot maßgeblich für den weiteren Gang und den Fortschritt des Menschen. Die Ebenen und Gaben der weiteren Sephirot bleiben dem verschlossen, der sein Herz nicht öffnen kann und das Empfinden nicht lernt. Die siebte Ebene steht für Intuition und Hellsichtigkeit, die achte Ebene für Macht (der Gedanken, Schöpfungskraft und auch des Wünschens) und die neunte Ebene für Weisheit und Integrität in Form der Verbindung mit allen Menschen, dem Eins-Sein mit Allem. Die sechste Sephirot ist »das Tor zum Herzen«. Wer dieses Tor durchschreitet, wird offen für die Schönheit dieser Welt und entwickelt wirkliches Einfühlungsvermögen und Mitgefühl. Darum wird in der Kabbala auch gern von »Himmeln« gesprochen, die der Mensch erreicht und durchschreitet.

Übrigens hat auch jede Zahlenqualität der Numerologie und auch jedes Sternzeichen der Astrologie diese polaren Gegensätze wie eben bei der Sechs geschildert: Je nach seinem Entwicklungsstand lebt der Mensch eine Zahl oder ein Sternzeichen zu einem gewissen Prozentsatz lichtvoll und zu einem gewissen Grad im Schatten. Wachstum in diesem Zusammenhang bedeutet, immer mehr die Schatten einer Zahl oder eines Zeichens anzunehmen und die positiven Seiten dafür mehr und mehr ins Leben zu integrieren.

ZUSAMMENFASSUNG
Was früher Geheimwissen war, ist heute jedem zugänglich: Dass nämlich der Verstand zum Entscheiden da ist und das Gefühl die Navigation darstellt.
Vom Herzen kommende Wohlfühlgefühle signalisieren, dass ich auf dem richtigen Weg bin, leise Zweifel signalisieren kleine Umwege, laute Zweifel große, und Angst und Sorgen sind ein Zeichen, dass ich gerade in entgegengesetzter Richtung zu meinem Ziel unterwegs bin.

Beispiel:
Manfred und ich suchten an einem ausländischen Flughafen unter Zeitdruck nach unserem Abfluggate. Plötzlich war Manfred mit Gepäck und Flugtickets weg. Ich konnte ihn nirgends mehr sehen. Das hatte mir gerade noch gefehlt. Ich war eh schon gestresst. In der Situation noch eine Schwierigkeit dazu und ich verfiele in Panik. Bis ich mich erinnerte, dass das Gefühl von Stress das Problem wahrscheinlich überhaupt erst erschaffen hatte und dass es daher höchste Zeit war, in meine innere Mitte

zurückzukehren, tief durchzuatmen und ins Gefühl von Vertrauen zurückzugehen.

Das ist natürlich nicht ganz so leicht in solch einem Moment. Aber ich blieb einfach stehen, holte tief Luft, schloss für einen Augenblick die Augen, erinnerte mich an irgendeinen Moment des Vertrauens in meinem Leben und versuchte das Gefühl in meinem Körper zu beobachten: »Wie fühlt es sich doch gleich noch mal an, wenn ich gerade total im Vertrauen bin? Wie war das? Ach ja, so in etwa.« Und mit dem Gedanken: »Wenn ich ihn im Vertrauen nicht rechtzeitig finde, dann ohne Vertrauen erst recht nicht«, öffnete ich die Augen und sah ihn auf den ersten Blick, wie er dastand und nach mir suchte.

Und den Flug haben wir auch noch bekommen. Er hatte Verspätung und wir mussten sogar noch warten.

Wenn das Empfinden
sich verloren hat

Kommen wir zurück zum Empfinden und machen wir uns auf den Weg, es neu zu entdecken. Aber fangen wir dabei von vorne an: Beim Verständnis, welche Konsequenzen es hat, wenn wir, wie so oft in unserem bisherigen Leben, eher vom Empfinden abgeschnitten sind. Wir spüren uns nicht, laufen irgendwo immer vor uns selber davon. Ins tägliche Leben übersetzt zeigt sich dies in vielerlei Hinsicht. Die »Gefühlsglocke«, mit der die Übereinstimmung der Umwelt mit dem Gefühl gesteuert wird, kann sich beispielsweise zeigen im Mitfiebern des Fans mit dem Fußballclub, im nahezu Verschmelzen des Elternteils mit dem Kind oder des Partners mit dem Partner, im Aufgehen im Leben von Stars oder Idolen, im am Leid der Welt Verzweifeln auf Grund der vielen negativen Nachrichten und Katastrophen. Die Liste ließe sich endlos fortsetzen. Gerade die durchweg negativ gefärbten Nachrichten und Schlagzeilen, die Boulevardblätter und die Presse liefern einen immerwährenden Strom von Eindrücken, und die hohe Nachfrage nach diesen Medien (auch und besonders durch das wachsende Internet) zeigt die Größenordnung, in der wir uns vom eigenen Empfinden entfernt haben und aus Kompensationsgründen dafür auf fremde Gefühle zurückgreifen müssen. Vielleicht ist die Urangst, welche entsteht, wenn man bemerkt, dass man von der seelischen Quelle abgeschnitten ist, mit der daraus resultierenden Sucht nach Gefühlen und einer Art Abhängigkeit von Eindrücken überhaupt, die Hauptursache für Sucht allgemein.

Bei mir selbst gibt es auch eine ganze Liste von Möglichkeiten, die ich nutze, um mich immer mal wieder vom Empfinden abzuschneiden: Fernsehen, Internet, Videospiele, DVD, viel lesen, immer Termine, nicht alleine sein, schlecht essen, mich nicht um den Körper kümmern, in Vergangenheiten herumhängen, jammern und klagen, Freude am Negativen. Aus meiner Sicht sind Fernsehen und Videospiele, überhaupt alle Verhaltensweisen, die ich nicht wirklich steuern kann, im Grunde »Süchte«, die dazu führen, dass ich meine Energie verpulvere und nicht dort einsetze, wo sie für mich nutzbringend wäre: im Jetzt.

Orte des Feingefühls suchen

Wir waren vor Jahren in »African Footstep« im Deutschen Theater in München. Die Show war sehr gut gemacht und die Musik und die Melodien haben mir (Bärbel) auch sehr gut gefallen. Zumindest einem Teil von mir. Leider war die Lautstärke, wie mittlerweile meistens, für vom vielleicht »zu vielen Handytelefonieren bereits Hör-Nerv-Gekochte und Halbtaube« eingestellt. Ich musste mir ein Tempotaschentuch zerknüllen und in die Ohren stopfen, denn mir taten die Ohren richtig physisch weh. Mit zugestopften Ohren ging es mir dann gut. Dachte ich.

Ich dachte etwas anderes, nachdem ich ein paar Wochen

später im Urlaub in der Arena di Verona in »Madame Butterfly« von Puccini war. Der Unterschied ist der absolute Hammer. Die Arena di Verona ist ja – für nicht Kulturfans zur Info – dieses riesige römische Amphitheater, ähnlich dem Kolosseum in Rom, für bis zu 15.000 Zuschauer in der Stadtmitte von Verona in Italien. »Aida« von Verdi führen sie am häufigsten auf, aber auch viele andere bekannte Opern. Die Akustik in der Arena ist hervorragend, und zwar so hervorragend, dass die allen Ernstes auch heute noch auf Lautsprechereinsatz während der Aufführung gänzlich verzichten. Oha, das ist ein anderer Sound!

Die Zuschauer werden zu Beginn der Aufführung aufgefordert, nicht mit Papier zu rascheln und auch sonst leise zu sein, weil jedes Geräusch den Musikgenuss stört. Und das ist auch so. Da weder das Orchester noch die Sänger mit Technik verstärkt werden, sondern pur zu hören sind, stört wirklich jedes andere Geräusch. Faszinierend ist, was diese Stille bewirkt. 15.000 Menschen, die sich bemühen, sich, wenn überhaupt, nur ganz leise zu bewegen, die nicht flüstern und nicht knistern. Ich hatte das Gefühl, als würde sich jede einzelne meiner Zellen weit öffnen, um quasi in die Stille der Arena hineinzulauschen (wir saßen recht weit weg von der Bühne auf den billigen Plätzen ganz oben, da ist es einfach kultiger als in den Stuhlreihen) und um die Töne förmlich in mich hineinzusaugen. Mit der warmen Sommerluft und dem Sternenhimmel über uns war das ein total meditatives Gefühl und wunderschön. Und irgendwann fiel mir das Deutsche Theater im Kontrast dazu ein.

Mit den Tempotüchern in den Ohren hatte ich damals

zwar keine direkten Ohrenschmerzen mehr gehabt, aber die Zellen des Körpers waren nicht weit geöffnet und sogen die Musik in sich auf wie in der Arena, sondern – und dessen wurde ich mir im August in Italien bewusst – standen allesamt unter Anspannung und einem Alarmgefühl. Die Musik war bei African Footstep so laut (und sie war nicht lauter als bei irgendeinem anderen Musical üblich), dass mein ganzer Körper mitgebebt und vibriert hatte. Und er hatte es nicht gemocht. Ich hatte die Veranstaltung froh über die schönen Melodien, aber irgendwie erschöpft verlassen. Die Lautstärke war Stress für den ganzen Körper gewesen.

Nach der Arena di Verona fühlte ich mich wie nach einer entspannenden, energetisch stärkenden und höchst spirituellen Wellnessbehandlung. Und ich hatte das Gefühl, dass an so einem Ort noch Platz für Empfindungen (das in sich Finden) ist, im Gegensatz zu einem überlauten normalen Theater.

Das Empfinden erwacht da, wo es den rein kompensierenden Gefühlen langweilig wird: im Einfachen, Schlichten, Stillen, Ruhigen, Leisen, Langsamen. In all diesen Qualitäten ist Platz, dass ich mich in mir selbst wieder finden kann, dass ich meinen Empfindungen lauschen kann und sie nicht von schrillen Reizen übertönt werden. Und das ist genau das, was ich selbst gerne tue, um dem Empfinden in mir Raum zu geben: In einer lauten Welt nach den leisen Dingen Ausschau halten, um mir innere Räume zu eröffnen, in denen ich frei und ungehindert fühlen und empfinden kann. Kraft fließt mir genau hier zu: In der Stille, im Feingefühl und in Momenten, in denen ich mich vertrauensvoll so weit öffnen kann, dass ich auch auf die allerfeinsten Wahrnehmungen in mir selbst achten und sie genießen kann.

Das bringt mich auf das Thema Sexualität. Eine Sexualität, in der Momente der Stille und des Feingefühls möglich sind, ist natürlich ebenso etwas sehr Stärkendes. Sogar etwas Schöpferkräfte Freisetzendes und Heilendes. Also wollten wir eigentlich auch darüber ein Kapitel in diesem Buch schreiben. Und ich (Bärbel) habe auch brav angefangen damit. Aber irgendwie ist es dann ausgeufert. Es wurde mehr und mehr, und als Manfred anfing, das Thema in seine Männergruppe zu tragen und als dort darüber diskutiert wurde, überschlug sich die Informationsmenge. Und zu guter Letzt haben wir das Thema Sex ausgekoppelt und ein eigenes Buch daraus gemacht mit dem Titel »Sex wie auf Wolke 7«.

Zum Feingefühl, das wir zweifellos alle besitzen, auch wenn wir es meist unterschätzen, möchte ich noch zwei kleine Beispiele anfügen. Natürliche und naturidentische Duftöle haben eine ganz unterschiedliche Schwingung. Sie riechen auch anders und unser Körper reagiert anders auf sie. Naturidentisch ist ein anderes Wort für künstlich und im Labor erzeugt. Und so ein Duft ist, entgegen dem Sinn des Wortes, eben genau nicht identisch mit dem Duft, den die Natur selbst erzeugt. Beim Schnuppern an einem 100% natürlichen Duft und an einem 100% »naturidentischen« riechen auch meistens die Laien den Unterschied. Bei den natürlichen Düften genießt der Körper das Riechen viel intensiver. Wie in der Arena di Verona besteht eine Tendenz, dass die Körperzellen sich weit öffnen. Sie wollen den Duft ganz in sich aufnehmen. Ein natürlicher Duft bewirkt auch im Gefühlskörper vielfältige Reaktionen und innere Bilder. Bei einem künstlichen Geruch ist die Wahrnehmung viel oberflächlicher und »die Nase ist enttäuscht«. »Etwas«, das sie sucht, findet sie nicht.

Das zweite Beispiel stammt aus CQM-Seminaren (www.hypervoyager.de). Dort wird u.a. erklärt, dass wir viel mehr Dinge spüren und wahrnehmen, als wir uns in der Regel bewusst sind. Eine Übung, um das zu demonstrieren, ist die »Stop-and-Go-Übung«. Die Übung wird zu zweit gemacht. Ein Teilnehmer sitzt auf dem Stuhl und sagt laut »Stop« oder »Go« und der andere geht oder bleibt stehen. Irgendwann sagt derjenige auf dem Stuhl laut nichts mehr, sondern denkt die Kommandos nur noch, und der andere hat die Aufgabe sie zu erspüren und weiter darauf zu reagieren. Je besser das Grundwohlfühlgefühl in der Gruppe ist, je verbundener und freudig angeregter sich alle fühlen, desto besser klappt die Übung und ist eine spannende Erfahrung. Jeder von uns kann spüren »was in der Luft liegt«, aber wir müssen innerlich hingucken, beziehungsweise hinspüren, sonst übersehen – oder »überspüren« wir es. Wir alle haben diese Instinkte und sie sind erstaunlich präzise. Wenn wir unsere Wahrnehmung und die feinen Gefühle trainieren wollen, müssen wir bewusst nach solchen Augenblicken und Gelegenheiten Ausschau halten. Denn in einem Umfeld, das überwiegend laut und unnatürlich ist, fehlt meistens der Raum für feinere Gefühle und Wahrnehmungen.

Und wenn ich mich selbst nicht fühle, von meiner Feinwahrnehmung entfremdet bin, wie kann ich dann authentisch sein? Wenn ich nicht authentisch bin, wie soll ich dann – nach den Resonanzgesetzen – das, was für mich stimmig ist, und diejenigen Menschen, die zu mir passen in mein Leben ziehen? Wie soll ich mich je auf mein Feingefühl als Navigation durchs Leben und hin zur Erfüllung meiner Herzenswünsche verlassen können, wenn ich es nicht trainiere, diese Gefühle wirklich wahrzunehmen? Wer seine Gefühle näher kennenlernt, lernt sich selbst näher kennen. Wer sich selbst fühlt und authentisch ist, der zieht das in sein Leben, was wirklich zu ihm passt und gehört.

ZUSAMMENFASSUNG:
Wer seine Feinwahrnehmung trainiert, trainiert seine Glücks-Navigation. Folge deinen innersten, subtilsten Wohlfühlgefühlen und du wirst beim höchsten Potenzial deines Lebens ankommen!

Verdrängte Gefühle befreien

Wird ein negatives Gefühl wirklich empfunden und erlebt, löst es sich praktisch aus sich selbst heraus auf und wandelt sich in sein Gegenteil um. Das ist die Magie der Gefühle! Und so erstaunlich es sein mag, so wäre es doch anders herum noch merkwürdiger, wenn das Gefühl erst noch beim Verstand zwischenfragen müsste: »He, wie geht das hier mit der Transformation?« Denn es geht ja eben beim Erleben und Empfinden darum, den Verstand schlafen zu schicken. Und auf das Herz zu hören. Dann läuft fernab vom Verstand ein Autopilot, eine Automatik, die das Gefühl auflöst und verwandelt. Man könnte auch einfach sagen: Das empfundene Gefühl kennt seinen Weg!

Damit haben »negative« Gefühle in sich eine Richtung zur Verwandlung in ihr Gegenteil, die sich zeigt, wenn diese Gefühle empfunden werden. Das ist doch eine gute Nachricht: Es gibt immer einen Weg zur Erlösung! Gefühle sind für mich daher zu sehen wie ein Vektor in der Physik: Ein Gefühl hat eine Kraft (wen wundert's) und auch eine Richtung. Und daher kann man auch mit Gefühlen Kontakt aufnehmen und in einer entspannten und achtsamen Stimmung beispielsweise fragen: Was fühle ich? Wie fühle ich mich? Was brauche ich? Was brauchst du, mein Schmerz?

Und, das ist noch ein kleines Wunder, es wird ein Körpergefühl geben, einen Impuls, eine Idee, was nichts anderes bedeutet, als dass dieses Gefühl einen Hinweis gibt, also eine Richtung zur Arbeit mit sich und zur Bewältigung, z.B. des Schmerzes.

Wie sieht das in der Praxis aus und wie orten wir alte, im Zellgedächtnis abgespeicherte, irgendwann einmal verdrängte Gefühle? Nehmen wir an, du übst fleißig im Sinne von Teil I des Buches und hast auch schon festgestellt, dass es einfacher ist als gedacht, dein Grundgefühl in kleinen Schritten, Stück für Stück nach oben zu schrauben. Aber in manchen Situationen kommen von irgendwo aus der Tiefe immer wieder typische alte Gefühle hoch und nerven und stören deine »Erleuchtungsübungen« ungeheuer. Ganz klar, das sind sie, die im Zellgedächtnis abgespeicherten alten Muster, die sich bemerkbar machen, denn auch sie wollen ihre Zell-Gefängniszelle gerne wieder verlassen und befreit werden. Und damit du überhaupt merkst, dass sie noch da sind, müssen sie sich ja irgendwie bemerkbar machen. Gefühle, mit denen wir irgendwann einmal überfordert waren, werden so lange im Zellgedächtnis und in den Organen gespeichert, bis wir sie befreien.

Aber wo ist der Schlüssel zur Gefängniszelle? – Der ist ganz einfach. Sieh dem eingesperrten Gefühl einmal tief in die Augen und weg ist es. Das ist bereits der Schlüssel! Du kannst diese Übung mit jedem beliebigen negativen Gefühl ausprobieren, in dem Moment, in dem es auftaucht. Eben warst du noch bester Laune, aber da, da schleicht sich etwas ein. Egal ob es auf alten Mustern basiert oder ein neues negatives Gefühl ist, folge nicht dem ersten Impuls wegzugucken und es zu übertünchen, sondern schau ihm direkt ins Gesicht: »Aha, erwischt! Und wer bist du? Mit welchem Gedanken habe ich dich jetzt ausgelöst? Wer genau bist du? Wo im Körper kann ich dich spüren, welche Reaktionen löst du bei mir aus?« Schau so genau hin, wie es nur geht, und lass dir nichts entgehen. Und was macht das negative Gefühl, das auch ein bisschen wie eine Art Energieräuber ist, in dieser Situation? Der kleine Energieräuber erschrickt total, dass er entdeckt wurde, und wiegelt sofort ab: »Mich hat es nie gegeben, das sieht alles nur so aus …«, flüstert er hastig und viele Bücklinge machend saust er rückwärts wieder raus aus deinem System.

Das geht mit Liebeskummer. Einmal ganz und gar erfühlt, kommt von innen her womöglich sogar ein Lachen durch und der Fall hat sich erledigt – für immer.

Etwas ganz Ähnliches passiert mit dem Gefühl des Abgelehntseins. Meine Schwester erzählte mir dazu gerade am Telefon von einem genialen Spruch aus dem Englischen (sie lebt in Australien): »Die Gänse fliegen in Schwärmen, aber der Adler fliegt allein.« Wir kamen darauf, weil wir darüber sprachen, wieso häufig die Schüler, die in der Schule total »in« sind (hoch angesehen im Gänseschwarm), es im Leben nicht allzu weit bringen (mit Adlern können sie eben nicht mithalten). Untransformiert fühlt man sich bei sozialer Ausgrenzung wie eine abgewiesene Gans, die der Schwarm nicht akzeptiert. Transformiert fühlt man sich in diesem Gefühl wie ein Adler, der stillvergnügt seine Kreise zieht und seine Freunde unter anderen Adlern sucht. Und zu den Gänsen ist man gnädig, da man von der niederen Intelligenz nicht erwarten kann, dass sie sich an die höhere anpasst. Aber man betrachtet es nicht mehr als ein Problem, nicht zur Gänseschar dazuzugehören. Das Gefühl dreht sich komplett.

Probier es aus. Sobald du ein negatives Gefühl zu verdrängen versuchst, wird es groß und mächtig. Lass es einmal ganz zu, betrachte und erfühle es von allen Seiten und es flutscht dir regelrecht zwischen den Fingern durch, so schnell wie es dann weg ist.

ZUSAMMENFASSUNG:

Wenn ich Ängste verdränge, werden sie in meinem Zellgedächtnis gespeichert, bis ich so weit bin, sie zu erlösen.

Gespeicherte Angst-Gefühle wollen erlöst werden, deshalb erschaffen sie mehr Angstsituationen. Sie wollen damit auf ihre »Inhaftierung« aufmerksam machen.

Sind sie erlöst und haben das Zellgedächtnis verlassen, dann hören sie auf, Realität zu erschaffen. Wer nicht da ist, erschafft nicht.

Es ist Platz für neue Gefühle, die du bewusst abspeichern kannst.

Vertrauen statt Angst: Dir werden plötzlich mehr Menschen und Situationen begegnen, denen du vertraust, als solche, vor denen du dich fürchtest.

Die Fotoalbum-Übung:
Alte Gefühle zu Ende fühlen

Das will natürlich geübt sein, vor negativen Gefühlen und auftauchenden schmerzlichen alten Mustern nicht davonzurennen, sondern sie zu enttarnen und ihnen ins Gesicht zu sehen. Schafft man das erst, kann nichts mehr schrecken. Keine Trauer wird mehr bodenlos sein und über eine natürliche, ganz erlebte Trauer hinausgehen und sich in Depressionen wandeln. Von einer zu Ende erlebten Trauer bleibt nur die Liebe übrig, aber keine Depression.

Üben ist also angesagt, denn schließlich haben wir auch das Verdrängen lang und ausgiebig trainiert. Das Groteske ist, das, was wir am meisten verdrängen, ist unsere Verbindung zu unserer eigenen Göttlichkeit, zur Urkraft in uns. Panisch schlagen wir dem universellen Lieferboten die Tür vor der Nase zu, aus Besorgnis, wir könnten zu verletzlich werden, wenn wir uns dieser Welt wieder öffnen. Wie so oft stimmt das Gegenteil. Wer wieder empfindet, nimmt dem Schmerz das Bodenlose und findet sich wieder in der All-Einheit. Wie aber üben?

Fotoalben sind eine Möglichkeit und hervorragend geeignet, um alte aufgestaute Gefühle zu Ende zu fühlen. Du brauchst nicht zu warten, bis das Leben wieder eine von diesen Situationen erschafft, die dir helfen können unangenehme Gefühle zu Ende zu fühlen, du kannst Basisarbeit am Fotoalbum leisten und dabei sowohl dich als auch deine Gefühle näher kennenlernen und einiges an Aufgestautem auflösen.

Blätterst du so ein Fotoalbum durch, so halte Ausschau nach Blockaden und Schwermut im Gesichtsausdruck jedes Ahnen. Lässt du dich nun tief hineinsinken mit dem Gedanken: »Kein Wunder, dass es mir so schlecht geht, wo es doch schon meinen armen Ahnen so schlecht ging«, so ist zu befürchten, dass vorwiegend das Ego die Übung macht und sich wieder genussvoll im Selbstmitleid suhlt. Da streben wir jedoch etwas anderes an.

Hast du dich allerdings bisher mit deinen Gefühlen

grundsätzlich noch wenig auseinandergesetzt und bist dazu erzogen worden, jedes Problem mit Fröhlichkeit um jeden Preis zu überspielen, dann kann es äußerst heilend sein, mal das Gegenteil ganz zuzulassen. Erinnere dich: Ein negatives Gefühl ist erlöst, sobald du es zu Ende gefühlt hast. An deinen und den Fotoalben deiner Ahnen gibt es daher unzählige erstklassige Gelegenheiten, dich in sämtliche Dramen der Familie emotional zu versenken und sie »zu Ende zu fühlen«.

ABER: Es ist, wie gesagt, wichtig, keine Ego-Show von Selbstmitleid und Selbstbedauern daraus zu machen. Behalte immer im Auge, dass der Sinn der Übung Transformation zum Licht hin ist.

Wie kannst du das tun?

- Duftlampe mit reinigenden Düften brennen lassen.
- Eine Hintergrundmusik dazu laufen lassen, die friedlich und entspannt stimmt.
- Gedämpftes Licht oder Kerzen
- Sicherstellen, dass keiner stören wird (Telefon, Kinder …).
- Wenn du ein Maskottchen hast, eine Buddhafigur, sonstige Symbole für Einheit, Reinheit, Schutzwesen, Engel etc., baue sie alle um dich herum auf.

Das mag dann zwar fürchterlich esoterisch und kitschig aussehen, aber zumindest ist dem Ego unmissverständlich klar, dass du die Alben nicht durchgehst, um einfach nur Psychosuppe gewürzt mit ganz viel Selbstbeweihräucherung zu rühren. Es ist dann einfach klar, du hast vor, hier etwas zu transformieren. Wenn du das Gefühl von

Transformation eher ohne den ganzen Klimbim und in der Natur bei Sonnenaufgang hast – dann lass dich nicht bremsen, pack alle Alben in den Rucksack und zieh los: vier Uhr morgens raus in die Natur.

Gut, du sitzt also inmitten eines Kerzenreigens, in der Natur oder wo auch immer und siehst dir die ersten Fotos deiner Ahnen an.

Übung 1
zum zu Ende Fühlen alter Gefühle mittels alter Fotoalben (Ahnen und eigene Kindheit):

Beobachte jedes entdeckte negative Gefühl, wie es in deinem Körper umherwandert oder wo du es besonders intensiv wahrnehmen kannst. Beobachte es und sprich in Gedanken mit dem Gefühl: »Hallo Gefühl, wie geht es dir? Was brauchst du? Was kann ich für dich tun? Wie fühlst du dich Gefühl?« oder auch »Liebes Gefühl, ich möchte dich so intensiv wie möglich fühlen. Wie kann ich dich noch verstärken?« Dadurch, dass du Fragen aus der Beobachterrolle heraus stellst, fehlt es deinem Ego an Möglichkeiten, sich mit dem Gefühl voll und ganz zu identifizieren. Es lässt das Gefühl automatisch los. Und wenn ein Gefühl wirklich zu Ende gefühlt ist, erscheint das Gegenteil, d.h. nach der Tragik kommt Freude, nach der Trauer ein inneres Lächeln etc.

In irgendeinem Buch habe ich es schon beschrieben, dass ich in meiner Jugend nach einer Trennung beschlossen hatte, mich nicht ewig im Trennungsschmerz zu suhlen, sondern das Ganze auf einen Rutsch zu erledigen. Ich strich alle Termine und Verabredungen für drei Tage, verhängte die Fenster, umgab mich mit Bergen von Taschentüchern und wollte nun das tragische Ereignis der Trennung drei Tage lang beweinen. Es fing gut an, ich fühlte mich sehr tragisch und sehr traurig. Und ich konzentrierte mich bewusst darauf, das Gefühl in seiner ganzen Tiefe und Breite zu erleben. Ich wollte ganz hinunter ins tiefste Tal dieser Trauer, um sie im letzten Winkel meines Seins wirklich komplett zu Ende zu fühlen.

Was geschah? Nach nur 15 Minuten hatte ich einen unglaublichen Lachanfall. Ich lachte und lachte über mich selbst und darüber, wie ich hier bei verhängten Fenstern in meiner kleinen Wohnung saß. Der Lachanfall dauerte ziemlich lange. Danach wartete ich auf den nächsten Trauerschub. Ich wollte schließlich nichts auslassen. Aber er kam nicht. Ich suchte und forschte und grub in mir und musste nur jedes Mal von Neuem lachen. Ich konnte nichts mehr finden. Ich war fertig und habe dieser damals so wunderbar magisch romantischen und alles überbietenden Beziehung nie wieder nachgetrauert. Das ist fast zwei Jahrzehnte her. Ich war wirklich durch – in 15 Minuten. Schade ist nur, dass ich diese bemerkenswerte Technik danach für viele Jahre wieder vergaß. Aber das ist ein anderes Thema.

Übung 2
zu den alten Fotoalben:

Du hast nun, vorausgesetzt die Übung hat gut geklappt, erlebt, dass »der Himmel hinter den Wolken immer blau ist«, d.h. die natürliche Freude und das Gefühl von Einssein mit dem Leben und der Urkraft sind in dir aufgestiegen, nachdem ein negatives Gefühl zu Ende gefühlt war.

Schau dir nun jedes Foto, das beim ersten Durchgang negative Gefühle ausgelöst hat, noch einmal an. Und sage der Person auf dem Foto etwas. Dabei ist es egal, ob es sich um einen Ahnen handelt oder um ein Foto von dir in egal welchem Alter.

»Liebe/r XY. Auch du bist ein Teil der universellen, göttlichen Urkraft und hast unendliche Freude in dir. In meinem Herzen sehe ich dich lachend und voll und ganz mit der Urkraft verbunden. Friede sei mit dir in Liebe.« Je intensiver du das fühlen kannst, je gerührter vor Freude du dabei sein kannst, desto besser für euch beide. Du wirst in dieser Person nie wieder dieselben alten negativen Gefühle verstärken, wenn du ihr wieder begegnest. Erinnere dich an die Spiegelneuronen: Normal tun wir genau das. Wir sehen jemanden, von dem wir denken, dass er eine tragische Person ist, und senden ihm genau diese Gedankenschwingung wieder. Kein Wunder, wenn derjenige schon wieder nicht fröhlicher wird. Aber je gefühlsintensiver du diese Übung mit jemandem machst, desto reiner und konstruktiver sind die Gedankenschwingungen, die du der Person ab sofort sendest.

Und gleichzeitig bist du dabei auch besser drauf. Und wenn du das tragische Foto das nächste Mal siehst, dann zieht es dich auch nie wieder selbst in einen Gefühlssumpf, stattdessen wird die Erinnerung an das schöne »Friede sei mit dir in Liebe«-Ritual in dir hochsteigen und du wirst dich gut dabei fühlen und dich freuen – für dich und den anderen.

Aus diesen Fotoalben-Übungen resultiert auch unsere Rollrasen-Übung zum Fühlen lernen:

Rollrasen war der, unter dem man zuerst umgraben musste, bevor man den neuen Rasen drauflegen konnte. Da diese Übung die alten negativen Gefühle aus dem Zellgedächtnis hervorholt und »umgräbt«, haben wir die Übung Rollrasen-Übung genannt.

Wir alle kennen das: Wenn wir die Schultern hängen lassen und unser Herz verschließen, wird jedes negative Gefühl noch schlimmer, es kann sich sogar existentiell bedrohlich anfühlen. Die Schultern zurück und die Brust hochzunehmen und das Herz zu öffnen nimmt dem Gefühl das Bedrohliche und es kann »abfließen«.

Nimm dir für einen Monat eine bestimmte Zeit am Tag zum »Fühlen üben«. Beobachte dich selbst in dieser Zeit besonders gut und sei achtsam und langsam in allem, was du tust und fühlst. Beobachte deine Gefühle! Frage alle auftauchenden Gefühle ganz bewusst: »Hallo Gefühl, wer bist du? Wie geht es dir? Ich erlaube dir jetzt, ganz zu sein, ich bin bereit, dich in allen deinen Facetten anzunehmen und zu fühlen. Ich nehme dich ganz an.« Indem du den Beobachterposten einnimmst, nimmst du dem Ego die Möglichkeit, sich mit den Gefühlen zu identifizieren. Dein göttlich-universeller Urkern kann wieder an die Oberfläche treten und die Empfindungen deines Herzens, das innere Feiern der Schöpfung wird intensiver werden.

Du gehst mit dieser Übung raus aus automatisch auftauchenden Gefühlen und alten Blockaden. Denn automatische Gefühle können nur im Verborgenen wirken, wenn du sie im Verborgenen lässt. Im Tageslicht des wachen Bewusstseins verändern sie sofort ihr Gesicht.

Zwei Beispiele für Gefühle, die dir bei dieser Übung begegnen können: Bei Schuldgefühlen denke einfach: »O.k., ich bin an allem schuld. Na und!« Du wirst sehen, das Erstaunliche geschieht, denn dieser Satz löst die Schuldgefühle auf! Ein Schuldgefühl kann sich nur halten, wenn du es ablehnst. Wenn du es annimmst, nimmst du auch dich selbst an. Wenn man aber sich selbst annimmt, kann man sich nicht mehr schuldig fühlen.

Tipp: Allen Menschen Glücksgefühle zu wünschen erhöht deine eigenen.

Auch Mangelgefühle lösen sich auf, wenn du sie ganz und gar fühlst. Aber du kannst auch einen Trick anwenden: Sei dankbar für den Mangel. Tu einfach so, als ob Mangel ein Grund für Dankbarkeit wäre, und danke intensiv. Das ist lustig. Es verwirrt das Gefühl total. Es denkt: »Heh, was ist denn hier Sache?« und »Da muss ich einen Fehler gemacht haben.« Es löst die Mangelgefühle auf, denn sie waren ja nur ein Irrtum. Und auf tieferen Gefühlsebenen verstärkst du die Energie von Dankbarkeit und Freude und löst damit die Anhaftung und Fixierung auf den Mangel. »Erst wenn du alles lieben kannst, wie es ist, kannst du alles ändern«, sagte der indische spirituelle Lehrer Swami Kaleshwar mal bei einem Vortrag, den ich vor Jahren besucht habe.

Auf dieser Basis kannst du mit allen anderen Gefühlen ebenfalls experimentieren. Sei offen für das, was entstehen will, denn die Wege der Heilung und die dazu entstehenden inneren Bilder sind bei jedem Menschen ein wenig anders.

Negative Gefühle tragen immer ihre Lösung in sich. Wenn sie ganz angenommen sind, drehen sie sich ins positive Gegenteil, was dem eigentlichen Urzustand der Seele jenseits der Dualität entspricht.

Man muss die Ursache nicht immer kennen

– aber es kann den Weg in die Freiheit verkürzen!

Es gibt haufenweise individuelle sowie kollektive und gesellschaftliche Glaubensmuster, an denen wir noch kleben und die uns begrenzen. Wenn wir jedes einzelne herausfinden wollen, bevor wir es mit etwas Wünschenswertem überschreiben, dann haben wir viel zu tun. Das ist nicht immer nötig. Viele Menschen, die mit Gefühlen arbeiten, gehen davon aus, dass es sogar gänzlich unnötig ist zu wissen, wo die Ursache liegt.

- Energie folgt der Aufmerksamkeit, also warum die Aufmerksamkeit auf Dinge richten, die ich gar nicht haben möchte. Richte ich sie doch lieber auf das, was ich möchte.
- Um die Festplatte meines PCs neu zu formatieren und dann Neues darauf zu speichern, brauche ich auch nur zu wissen, wie das Formatieren geht und was es denn an Neuem sein soll, was ich gerne drauf haben will. Ich brauche nicht zu wissen, was vorher drauf war. So ist es mit dem Unterbewusstsein auch.

Formatieren funktioniert am besten in einer kindlich vertrauenden Haltung, mit viel Gefühl und offenem Herzen und mit der Vorstellung, dass mein Unterbewusstsein weiß und rein wie ein unbeschriebenes Blatt ist. Neu draufgeschrieben wird automatisch alles, was ich ritualhaft mehrmals wiederhole. Wenn ich zehnmal beim Aufschließen der Haustür mit bewusstem Genuss und Liebe zum Schlüssel, zum Schloss und zur Wohnung die Handlung des Aufschließens durchgeführt habe, dann fällt mir dieses Gefühl bald schon ein, wenn ich mich nur der Haustür nähere. Es ist ein neues Muster geworden.

- Um neue Gewohnheiten zu installieren, brauche ich die Energie und gute Gefühle, um den inneren Schweinehund (die alte Gewohnheit) oft genug zu besiegen, bis das neue Verhalten zum neuen Muster geworden ist.
- In den »Bestellungen beim Universum« habe ich die Technik »Gehe eine stärkere Verpflichtung dir selbst gegenüber ein« beschrieben. Sie macht uns bewusst für unsere allerkleinsten Wünsche und Bedürfnisse im Augenblick. Und allein durch das bewusste Erleben und Gestalten der Gegenwart, mal ganz ohne Gedanken an Vergangenheit oder Zukunft, allein dadurch beginnen alte Muster von uns abzufallen. Es geht darum, bewusst positive Gefühle zu erzeugen und sich den Dingen und Vorstellungen zu widmen, die man erreichen möchte.

Das ist alles prima, funktioniert hervorragend und es gibt nichts daran auszusetzen. Es ist lediglich nicht der einzige Weg nach Rom. Und wir möchten in diesem Buch den Weg der sanften Aufarbeitung von alten abgespeicherten

Gefühlen mit einschließen. Wobei es uns ganz wichtig ist, dass dieses Aufarbeiten nicht zur Sucht wird oder zur Vermeidungsstrategie, um nur ja nicht damit anfangen zu müssen, bewusst positive Gefühle zu vermehren! Wenn du jahrelang und bei zehn oder zwanzig oder mehr Therapeuten und mit zig Techniken unterwegs bist, dann ist es vermutlich Zeit, darüber nachzudenken, was so schön am Wühlen im Alten ist und warum du dich nicht aufmachen willst, das Neue endlich zu leben!

Kommen wir zu den Methoden, mit denen man Altes aufspüren und lösen kann:

- Ganz bewusst im Hier und Jetzt auf meine Gefühle zu achten, ist bereits die erste Art, das Alte zu überschreiben. Und dies ist auch eine Technik, mit der du für immer fortfahren kannst, denn du reagierst einfach nur ehrlich mit dir selbst auf das, was im Moment auftaucht. Das Geheimnis ist, dass ich den Automatismus bereits in dem Moment verlasse, in dem ich beginne, ihn bewusst zu beobachten: »Ach guck an, jetzt fühle ich mich schon wieder minderwertig, nur weil der und der das und das gesagt hat …« Ein Teil des Gefühls beginnt bereits sich aufzulösen, dadurch dass ich es gesehen und wahrgenommen habe. Das ist so, als wäre das Minderwertigkeitsgefühl in deinem Zellgedächtnis eingekerkert und als bekäme es nie einen Lichtstrahl zu sehen. Also wirkt es im Unbewussten, Dunklen weiter vor sich hin und ruft aus der Tiefe nach Erlösung. Die Verdrängung unangenehmer Gefühle hält diese weiter im Dunkeln und weiter in Haft. Hinschauen ist gleich Licht machen. Hinschauen und Hinfühlen ist gleich die Zellentür öffnen und Stück für Stück das Eingesperrte befreien. Das Bedrohliche, weil Unbekannte, löst sich auf.

Wenn ich in bestimmten Situationen in Panik gerate und einfach nur kopflos wegrenne, weil ich das Gefühl nicht aushalte, ändert sich nichts. Wenn ich hingegen hingucke: »Aha, jetzt ist das wieder dran. Was ist denn da eigentlich los in mir drinnen? Wie genau fühle ich mich jetzt? Was ist das für ein Gefühl? Wo im Körper sitzt es? Woran erkenne ich dieses ganz spezifische Gefühl?«, dann hat bereits der Prozess der Auflösung begonnen und das Muster ist gebrochen. Ich habe mich an mein wahres Wesen erinnert und mit diesem die Muster im Unterbewusstsein beobachtet. Ich habe die Identifikation mit meinem Ego beendet und bin zur Perspektive meiner unsterblichen Seele zurückgekehrt. Und in dieser sind keine Kindheitsmuster oder sonst was gespeichert. Die Seele ist frei von all diesen Begrenzungen. Und sobald ich mich innerlich mit dieser Seele, diesem Wesenskern in mir verbinde, bin ich wieder so frei, wie die Seele es ganz natürlicherweise immer ist.

Es gibt begrenzende Glaubenssätze, die wir aus dem Kollektiv übernommen haben, meist ohne etwas davon zu ahnen. Psych-K ist eine Technik aus den USA, die aus langen Listen von ungünstigen Glaubenssätzen genau die herausfiltert, die uns schwächen, und mit einer einfachen Technik (Gehirnhälften verbinden und das Neue verankern) neue stärkende Glaubenssätze darüberspeichert.

Auch hnc (Human neuro cybrainetics www.cybrainetics. de) ist eine mehr körperorientierte Behandlungsmethode, bei der die Wirkung solcher Sätze über das Nervensystem getestet und verändert werden kann.

Es gibt aber auch ganz spezielle Glaubenssätze, die dein spirituelles Selbst, deinen Wesenskern, klein machen oder verleugnen und dich zwingen, an eine rein materielle Welt zu glauben, an die deine Seele natürlich nicht glaubt. Wenn du solche Glaubenssätze übernommen hast, verursachen sie existentielle Dauerkonflikte in dir. Dein Wesenskern empfindet sich als spirituelles Wesen, das eine menschliche Erfahrung macht. Aber die Welt gaukelt dir vor, es sei anders herum und Bewusstsein entstünde erst ab einer gewissen Komplexität von Materie.

Allein indem du in die folgenden Sätze genau hineinspürst und dein Gefühl beobachtest, ob einer dieser Sätze auf dich zutrifft, bringst du Licht ins Dunkel. Möglicherweise hast du bei dem einen oder anderen Satz ein Gefühl von: »Stimmt genau und das erklärt mir, warum ich immer wieder dieses und jenes irrationale Verhalten an den Tag lege. Jetzt verstehe ich mich selbst plötzlich besser …« Oder du hast ein Gefühl, als ob dein Herz sich öffnen würde oder deine Seele aufatmen. »Genau so ist es. Heißt das, ich muss das womöglich gar nicht glauben …?«

Indem du das Gefühl wahrnimmst, befreist du es bereits. Damit mag das Muster noch nicht in allen Fällen ganz weg sein, aber zumindest wirkt es nicht mehr im Verborgenen, denn es ist dir ja jetzt bewusst. Im Schritt zwei werden wir mögliche wünschenswerte Sätze zu den gleichen Themen betrachten.

Hier die Sätze zum Reinspüren, ob sie dich und deinen spirituellen Wesenskern begrenzen:

- Ich habe Angst, in der Materie und der materiellen Welt gefangen zu sein.
- Ich habe Angst, alles ist am Ende doch nur auf Materie aufgebaut und ich löse mich auf, wenn die Materie meines Körpers sich auflöst.
- Ich habe Angst, der materiellen Welt ausgeliefert zu sein.
- Ich habe Angst, dass die göttliche Kraft (universelle Intelligenz etc.) zwar vielleicht irgendwie existiert, aber dass sie bei mir nicht wirkt.
- Ich habe Angst, dass die göttliche Kraft (universelle Intelligenz etc.) mich und mein Leben nicht erreicht.
- Ich bin tief enttäuscht, dass auf diesem Planeten nicht alle zusammenhalten.
- Ich dachte, wir sind alle Eins, wieso sehe ich nur Trennung um mich herum? Wieso fühle ich die Einheit nicht? Sind wir vielleicht doch getrennt und nicht wirklich Eins?
- Ich habe Angst vor meinen eigenen negativen Manifestationen und Gedanken.
- Ich habe Angst es nicht zu schaffen – das mit den positiven Schöpfungen in meinem Leben.
- Ich habe Bedenken, dass bei zu viel irdischem Glück etwas nicht stimmen kann. Gibt es das nicht erst nach dem Tod im Himmel? Sterbe ich nicht vielleicht früher, wenn ich den Himmel auf Erden jetzt schon haben will?

Und wie war's? War was schön Schauerliches dabei, das dir voll reingefahren ist?

Kein Problem. Licht ins Dunkel zu bringen und das Gefühl bewusst zu erleben, ist der erste Schritt bei dieser Technik.

Schritt zwei: Wir überschreiben die alten Glaubenssätze mit neuen.

Und zwar kannst du das so machen, dass du dich darauf konzentrierst, wie es sich anfühlen würde, wenn du bereits vollkommen von dem neuen Satz überzeugt wärst und schon immer genau daran geglaubt hättest und an nichts anderes. Wie wäre dein Leben dann? Male es dir bildhaft aus und fühle es im Herzen nach. Und wann immer der alte Satz in deinen Gedanken wieder auftaucht, dränge ihn nicht weg, sondern lade ihn ein, ganz nah zu kommen wie ein Freund. Und dann sage zu diesem alten Gedankenmuster: »Ich möchte dir etwas mitteilen. Es ist mir ein Bedürfnis dich zu transformieren in … (neuer Satz). Ich wünsche mir von dir, dass du ab sofort … (neuer Satz) für mich bist und ich danke dir für deine Bereitschaft zuzuhören.«

Bei so viel liebevoller Ansprache bricht mitunter der alte Glaubenssatz gleich in Tränen aus und gelobt ewige Transformation. Er wird es für dich tun, weil du so nett zu ihm bist. Wichtig: Fühle es im Herzen und sei liebevoll zu dir und den alten Sätzen. Du bist nicht gegen das Alte, sondern für das Neue. In Liebe verabschiedest du das Alte und in Liebe lädst du das Neue ein. Wenn du es fühlen kannst, ist es da!

Hier kommen die neuen Sätze. Such dir wieder aus, was dich anspricht:

- Ich habe Vertrauen, dass das Göttliche (die universelle Intelligenz) direkt in mir sitzt.
- Ich habe Vertrauen, dass das Göttliche (die universelle Intelligenz) mir das Allernächste ist, immer!
- Ich habe Vertrauen, dass das Göttliche (die universelle Intelligenz) besonders stark in mir wirkt und nur positiv transformierend und positiv erschaffend wirkt.
- Ich habe Vertrauen, dass die materielle Welt ausschließlich zu meiner Freude da ist.
- Ich habe Vertrauen, dass die spirituelle Kraft der Existenz das Einzige ist, was je in mir wirklich wirkt.
- Ich habe Vertrauen, dass die Welt auf göttlichen Gedanken aufgebaut ist. Auch meine Welt, auch mein Körper, auch ich.
- Ich habe Vertrauen, dass insgeheim doch alle zusammenhalten, auch wenn es an der Oberfläche nicht immer sichtbar ist.
- Ich habe Vertrauen in meine mir innewohnende universelle Weisheit, die mich trägt und schützt.
- Ich habe Vertrauen, dass ich alles Wesentliche schon geschafft habe.
- Ich habe Vertrauen, dass ich nur Vollkommenes und Positives erschaffe.
- Ich habe Vertrauen, dass sich alle meine Probleme bereits auf positive Weise gelöst haben und dies jetzt Stück für Stück sichtbar wird.
- Das Paradies auf Erden ist erlaubt.

- Das Paradies auf Erden ist das, was wir alle jetzt brauchen, um Mensch und Natur wieder zu heilen. Es ist nicht nur erlaubt, sondern wird gebraucht!

ZUSAMMENFASSUNG:

Alte Gefühle und Muster lassen sich überschreiben, indem man bewusst seine Aufmerksamkeit auf Dinge lenkt, die positive Gefühle verstärken. Wer die Liebe und Dankbarkeit in sich stärkt, muss nicht immer wissen, welche Muster er vorher hatte, die ihn am Empfinden der Liebe hinderten.

Manchmal jedoch hängen wir fest und kommen plötzlich nicht mehr voran. Manchmal klappt das Bestellen beim Universum eine Weile lang hervorragend und plötzlich geht nichts mehr.

Das kann ein Zeichen sein, dass ein altes Muster uns bremst und hindert und dass es angeschaut werden will. Indem wir Gefühle zulassen und sie ganz erleben, verlieren sie bereits ihre Kraft und machen Platz für etwas Neues.

Der Weg der Mitte ist hierbei wichtig: einerseits das generelle Anheben deines Grundlebensgefühls zu üben, indem du deine Aufmerksamkeit entsprechend lenkst (ich freue ich mich am halb vollen Glas, statt über das halb leere zu jammern) und andererseits das Zulassen und Identifizieren von Gefühlen, wenn sie auftauchen und gefühlt werden wollen.

Gedanken sind
zum Erschaffen da!

Wir sind uns jetzt über die Kraft der Gedanken und die Kraft der Gefühle im Klaren. Aber ich (Manfred) würde gern noch etwas über das Zusammenspiel der beiden Ebenen Verstand und Gefühl sagen. Denn sie hängen eng zusammen und können im positiven wie negativen Sinn zusammenarbeiten. Da wir so oft über Polarität und Gegenteil gesprochen haben, hier noch einmal eine Art zusammenhängender Darstellung aus Sicht des Ego.

Unser Ego ist doch gar nicht so schlimm. Wenn wir innerlich arbeiten, lösen wir die Verklebung des Ego mit unserem Gefühl und lernen die Gefühle wirklich zu empfinden, indem wir sie mit dem Herzen wahrnehmen. Unser Ego hilft uns sogar dabei. Indem wir nämlich das Ego von den Gefühlen trennen, hilft es uns bei der Betrachtung der Gefühle durch unser Herz. Wir bekommen damit auch Kontakt zu unseren Herzenswünschen und unser Ego »dient« dann sogar dazu, mit unserem Selbst zu sprechen, es zu fühlen und uns mit ihm zu verbinden.

Und auch im mentalen Bereich ist unser Ego unendlich wertvoll. Haben wir gelernt, die Bewertung und Abwertung des Ego zu überwinden, so klären wir die Vergangenheit und erkennen, dass die Gegensätze in unserem Leben nur dazu dienen, uns zu unserem Ideal und unseren Wünschen zu verhelfen. Dann kann das Ego dazu dienen, uns die Wünsche zu erfüllen. Wir sehen nach vorn und beschäftigen uns gedanklich und emotional mit dem Jetzt und dem Erschaffen einer wunderbaren Zukunft.

Im Licht ist der Gedanke also unbelastet vom Ego, das Ego ist fein geworden, unser wahres Ich oder wahres Selbst scheint durch, hat das Sagen bekommen. Das Ego dient dann dem Herzen, hört auf die Herzenswünsche und gibt sie wie ein Sprachrohr in die Welt hinein. Im Licht ist auch das Gefühl frei vom Ego, es wird als davon getrennt erkannt. Das Ego identifiziert sich nicht mehr mit den Gefühlen, sondern hat den Weg frei gemacht, damit das Herz die Ereignisse des Lebens empfinden kann. Und, noch wichtiger, das Herz wird gehört, es kann seine Empfindungen in Form des »Wie schön, wenn das wahr wäre, das möchte ich in meinem Leben« artikulieren und mit Hilfe des feinen Ego ausdrücken und in die Welt bringen. Zusammen, lichtvoll ins Leben gebracht, sind sie stark: Gefühl und Verstand reichen sich die Hand, arbeiten zusammen, um dem Menschen zu dienen und kraftvoll zu erschaffen.

Das hatten wir schon am Anfang des Buches in ähnlicher Form:

- Der Verstand und das Ego sind in erster Linie dazu da zu entscheiden, was wir erschaffen wollen. Also zum Beispiel, um klar zu formulieren, was wir beim Universum bestellen wollen.
- Um das Gewünschte sogartig in unser Leben zu ziehen, ist nicht der Verstand zuständig. Der Verstand kann keinen Sog erzeugen. Das kann nur das Gefühl!

ZUSAMMENFASSUNG:

Keine Angst vor dem Ego. In verfeinerter Form ist es ein himmlisches Werkzeug und voller Schönheit.

Empfinden –
der Himmel auf Erden

Was passiert mit einem Menschen, der mehr und mehr ins Empfinden kommt, zu sich selbst und damit auch zu einer Verbindung mit der inneren Quelle? Und wie sieht dann eine Welt aus, in der mehr und mehr empfindende Menschen leben? Ein paar Gedanken dazu:

Der Gefühlskörper wird erwachsen: Wirklich zu empfinden macht den Gefühlskörper erwachsen. Das »Himmelhoch Jauchzend« und »Zu Tode betrübt Sein« der Teenager hat, wie gesagt, mit dem Entstehen und Wachsen des Gefühlskörpers zu tun. Logischerweise ist ein Mensch, der im Gefühlskörper erwachsen ist, weniger seinen »Gefühlen« ausgeliefert. Wer empfindet, der klebt nicht an seinen Gefühlen. Stattdessen werden die Empfindungen gespürt, wahrgenommen und wieder losgelassen. Empfindungen laufen einfach durch den Menschen durch, so dass er frei ist für die nächste Empfindung. Wirkliches Sein ist daher frei von Gefühls-Extremen. Dass die Ausschläge der Gefühle auch in späteren Jahren noch immer so groß sein können, hat vor allem den Grund, dass das Ego noch nicht fein genug ist und noch zu stark dominiert: Empfindungen werden nicht zugelassen und Gefühle sehr stark bewertet. Bestimmte Dinge werden als gut, andere als schlecht bewertet und auch so gefühlt. Es entsteht eine Angst vor bestimmten Situationen, in denen es dem Menschen einmal schlecht gegangen ist. Beim Wiederholen dieser Situationen wird auch das schlechte Gefühl wieder aktiviert. Um ein schlechtes Gefühl zu umgehen, wird das Leben ausgesteuert, also an die Umstände so angepasst, dass dieses Gefühl möglichst nicht eintritt. Das Leben ist also nicht frei, sondern vom Verstand gesteuert. Da aber das nicht gelebte Empfinden die Wiederholung sucht, um gelebt zu werden, ist das Ausweichen mit dem Verstand erfolglos. Da hilft auch alles positive Denken nicht. Im Grunde zeigen die großen Ausschläge im Gefühl, wie alt und reif ein Mensch emotional gesehen wirklich ist, denn mal ganz unabhängig vom Alter laut Personalausweis sind doch die meisten von uns seelisch noch Kinder, auf dem Weg zum Erwachsensein.

Die Seelenfamilie findet sich: Beim seelischen Erwachsenwerden geschieht etwas sehr Schönes: Die eigene Seelenfamilie zeigt sich. Das ist meine eigene Erfahrung und auch die Erfahrung vieler Freunde von mir. Es entsteht ein Gefühl von Gemeinschaft, über einen einzelnen Menschen hinaus, man erlebt sich mehr als Menschengruppe und es entsteht eine wunderbare Offenheit für noch unbekannte Menschen. Und dabei spürt man immer mehr, dass auch hier manche Menschen einem noch näher stehen als andere, es gibt da ein spontanes Wiedererkennen und eine Herzenswärme, die noch darüber hinausgeht. Das meine ich mit Seelenfamilie: Es gibt zwischen empfindenden Menschen manchmal Kontakte, die eine Art

Herzverbindung ergeben, ob sie nun nur einen Moment dauern oder auch ein Leben lang.

Die innere Schönheit zeigt sich: Für mich war das Begreifen und Fühlen mit dem Herzen irgendwann verbunden mit der Entdeckung, dass die Menschen innerlich wunderschön sind. Egal welche Masken und Spielchen im Außen ablaufen mögen, innerlich sind die Menschen fein und kostbar. Je mehr ich wahrnehme und empfinde, um so mehr erkenne ich den Grund hinter einem Verhalten und um so öfter kann ich auch die höhere Sichtweise einnehmen, die mich verständnisvoll macht und mitfühlend und die mich mein Ego besänftigen lehrt. Und gerade die unscheinbaren, schüchternen Menschen bergen dabei oft den kostbarsten Schatz im Inneren. Sie trauen sich nicht, ihn zu zeigen und auch mit anderen zu teilen, teils aus Unwissenheit über ihren inneren Reichtum, teils aber auch einfach aus der Tatsache heraus, dass das Feine und Reine im Menschen sich erst zeigt, wenn das wichtigtuerische Ego gelernt hat, still zu sein.

Die Schönheit wird erkannt und ausgesprochen: In der Kabbala ist das Tor zur Liebe, Tipheret, mit den Begriffen Schönheit und Mitgefühl beschrieben. Beide hängen eng zusammen. In die Empfindung zu kommen bedeutet, über den Gefühlskörper immer mehr mit allem, mit allen Menschen und Tieren und der Natur, verbunden zu sein. Und wenn das Ego auch noch so gern bewertet und abwertet, durch das Empfinden lerne ich mit allem verbunden zu sein und dann öffnet sich, wirklich wie ein Tor, die Schönheit der Natur und der Menschen. Darum ist das Aussprechen von Gutem und Schönem auch ein wichtiger Anhaltspunkt dafür, wie oft mein bewertendes Ego schweigt und meine Stimme des Herzens schon zum Ausdruck kommt.

Werdet wie die Kinder: Das Entdecken der Schönheit in der Natur und der Welt gleicht ein wenig dem Unbekümmertsein eines Kindes, das zum ersten Mal im Schnee herumläuft, eine Blumenwiese entdeckt oder einen Käfer beobachtet. Werdet wie die Kinder! Dieses alte Zitat aus der Bibel verstehe ich so, nach all dem Angelernten und Erwachsenwerden wieder alles zu vergessen, um in den inneren Zustand eines Kindes zu gelangen: unschuldig, naiv und ohne Wertung.

Der eigene Weg findet sich: Das Wachsen in meine Empfindungen hat mir auch mehr und mehr meinen eigenen Weg gezeigt. Wie sollte sich auch »mein« Weg zeigen, wenn ich nicht in Verbindung zu meiner Quelle und meinem Herzen bin. Dann folge ich nur Hinweisen von außen und suche, doch finde ich nicht. Denn der Weg ist damit verbunden mich zu spüren. Zu fühlen, was in mir spricht und was sich zeigen möchte. Weil ich jetzt schon zweimal auf die Bibel zu sprechen gekommen bin, hier schließlich noch ein Hinweis zum Thema eigener Weg. Es gibt seit ein paar Jahren Bücher und auch Kassetten von Neil Douglas-Klotz zum aramäischen Vaterunser. Da man davon ausgeht, dass Jesus aramäisch als Muttersprache hatte, hat Klotz diese Sprache gelernt und das Vaterunser in seinem Ursprung studiert. Und dabei kam heraus, dass es im Aramäischen zahlreiche Bedeutungen für ein Wort gibt, so bedeutet zum Beispiel das Wort »Blut« auch Wein, Rot und Leben. Gott in unserer männlich gedeuteten Form wird im Aramäischen aber auch mit »Muttergott«, All, Universum oder Einheit beschrieben. Der häufig verwendete Begriff der »Schuld« wird aramäisch zu »etwas zur falschen Zeit tun«, beispielsweise Trauben zu ernten, wenn sie noch nicht reif sind. Es gibt also ursprünglich nicht diese festgelegte Form des Vaterunsers, das wir irgendwann einmal auswendig gelernt haben. Nein, im Gegenteil, im aramäischen Original sind wir eingeladen, uns unser eigenes Vaterunser zu erschaffen, und das sehe ich doch als göttliche Einladung, unseren eigenen Weg auch im Bereich der Religion zu erschaffen, sozusagen unserer »Religion des eigenen Herzens« zu vertrauen und ihr mehr und mehr zu folgen.

Die Gnade der Begabung wird entdeckt: Wenn wir mehr und mehr ins Empfinden gelangen, entwickelt sich auch in uns ein bestimmter Sinn, den wir für unser Leben finden: Unsere »Gnade« zeigt sich uns. Gnade bedeutet so etwas wie Lebenssinn oder Begabung. So wie es für Bärbel die Berufung ist zu schreiben, so liegt für manche Menschen der Lebenssinn in heilenden Berufen, Beratungen oder im Handwerk. Die Begabung kann sich in allen möglichen Bereichen des Lebens zeigen. Man merkt es daran, dass die Energie einfach fließt und sich die Dinge in gewisser Weise fast automatisch zusammenfügen zu einem Ganzen. Beim Sein in der Gnade bekomme ich Kraft und die Arbeit geschieht mühelos. Ein wenig ist das so, als wäre der Stecker in die Steckdose gesteckt worden. Ein Mensch in der Gnade geht irgendwie »online« und zapft seine

Infos und seine Energie an, ohne es bewusst zu steuern. Bärbel hat es schon fertig gebracht, sich mit Erkältung zum Schreiben hinzusetzen und zwanzig Stunden am Stück zu schreiben. Danach war sie gesund! Schreiben bindet sie an die Kraft der Quelle an und darum kann es sie sogar heilen.

Die Liebe sein: Wie werden wir zu dem, was wir wirklich sind? Indem wir die alten Kleider ablegen, die alten Glaubenssätze, die alten Meinungen, die wir von Eltern, Lehrern, Umwelt übernommen haben. Niemand kann uns wirklich kennen, nur wir können mehr und mehr in unser wahres Selbst hineinwachsen. »Werde, was du schon immer bist«, mit diesem Wunsch segnen die Sufis von alters her, denn sie wissen, dass dazu auch Teile, Bewusstseinsanteile und Glaubenssätze sowie das Ego in uns verwandelt und transformiert werden müssen. »Zweifellos werden wir zu dem, von dem wir glauben, dass wir es sind.« Aber wie gelingt uns das? Ist es doch irgendwo das alte Thema der Henne und des Eies, was war zuerst da? Wie kann ich glauben, dass ich mehr bin, als ich denke zu sein, nur aus mir selbst heraus? Gibt es denn niemanden, der mir das sagen kann? Sicher gibt es Lehrer, »aber der beste Lehrer ist der, der dir hilft zu erkennen, dass du keinen Lehrer mehr brauchst.« (Zitat Dieter Hörner) Ein guter Lehrer weiß um die Sehnsucht des Menschen, von außen gesteuert zu werden, um die Verantwortung für sein Leben abgeben zu dürfen. Doch sobald ein Mensch aus sich selbst heraus in der Lage ist sich zu definieren, hat er es geschafft: Er wird frei von der Hilfe und der Meinung der anderen, er »glaubt an sich«. Und in der Zukunft werden die neuen Kinder die Welt alleine damit verändern können, dass sie den Glauben an sich und das Selbstvertrauen in sich tragen – schon von Geburt an. Dass die Kinder des neuen Jahrtausends in der ganzen Liebe geboren werden und so die Welt ganz neu begreifen werden, ist ein sehr segensreicher und auch tröstlicher Gedanke, nicht nur für Eltern.

Aus dem Herzen leben: Und beim Gedanken an die Kinder der neuen Zeit sind wir auch schon bei der Zukunft. Wie wird die Zukunft aussehen, wenn die Menschen mehr und mehr aus dem Herzen und in ihren Empfindungen leben? Gibt es eine Grenze wie bei den »100 Affen«, und ab einer magischen Grenze von vielleicht 100 Millionen Menschen, die im Herzen leben, bekommen alle Menschen das Bewusstsein von Liebe und Dankbarkeit? Wir werden es erleben, so viel ist sicher.

ZUSAMMENFASSUNG:
Wenn ich das Empfinden meines Wesenskerns in mir finde, entstehen eine Reihe wunderbarer »Nebenwirkungen«:
Der Gefühlskörper wird erwachsen.
Die Seelenfamilie findet sich.
Die innere Schönheit zeigt sich.
Die Schönheit wird erkannt und ausgesprochen.
Wir werden wieder mehr wie die Kinder.
Der eigene Weg findet sich.
Die Gnade der Begabung wird entdeckt.
Wir sind mehr in Liebe.
Wir leben mehr aus dem Herzen.

Ich und Du –
zwei perfekte Spiegel

Der wichtigste Schauplatz für unsere Empfindungen liegt natürlich auf dem Feld unserer zwischenmenschlichen Beziehungen. Wo sonst können wir unsere Freuden und Leiden so richtig ausleben? Neben der geschilderten Sichtweise, dass wir bestimmte Geschehnisse magisch in unser Leben ziehen, um sie wirklich zu erleben und damit innerlich aufzulösen, möchten wir hier noch eine weitere anbieten: Die des »Spiegels«: Unsere Umwelt spiegelt uns unsere guten oder schlechten Eigenschaften wider. In vielen spirituellen und esoterischen Büchern findet sich der Denkansatz, nach dem andere nur ein Spiegel unseres eigenen Selbst sind. Vielfach bekannt aus der Psychoanalyse ist auch der Begriff der Projektion: Dies bedeutet, dass wir bestimmte Eigenschaften nur am anderen erkennen können, aber bei uns selbst nicht. Dieser »blinde Fleck« in der Selbst-Wahrnehmung wird immer kleiner, je mehr wir uns über uns selbst bewusst werden.

»Stell dir vor, du lehnst eine bestimmte Art von Mensch besonders ab. Einen bestimmten Kollegen, einen Nachbarn oder wen auch immer. Nun kommst du in einen Raum mit 1000 Menschen. Du kennst keinen davon. Aber über kurz oder lang wirst du neben genau dem Typus von Mensch sitzen, den du am meisten ablehnst.«

So formuliert Waliha Cometti das Gesetz des Spiegels im Außen. Ich (Bärbel) habe früher oft erlebt, wie genau das stimmt. Ich erinnere mich beispielsweise an ein Seminar vor mindestens 15 Jahren mit etwa 50 Teilnehmern. Einen davon fand ich wirklich schauerlich. Genau der Typ, den ich mir meilenweit weg gewünscht hätte, aber ganz sicher nicht auf ein Seminar, an dem ich auch teilnehme. Als es losging und alle sich setzten, setzte sich prompt genau dieser Mensch neben mich und redete auch umgehend wortreich auf mich ein. Na bravo! Am schockiertesten war ich damals, als er mir irgendwann sagte, er hätte niemanden gekannt auf dem Seminar und da hätte er sich einfach mal neben mich gesetzt, weil ihm aufgefallen wäre, dass ich ihn mit so riesengroßen Augen angesehen hätte. Er hatte gefunden, das sei ein gutes Zeichen. Schluchz!

Wobei das Seminar wirklich gut war, ich quasi aus Versehen meine Abneigung transformiert habe (sprich, die abgelehnte Eigenschaft vor allem in mir selbst) und wir hinterher sogar einige Jahre lang eine lockere Freundschaft pflegten. Wenn mir das einer zu Beginn des Seminars gesagt hätte, hätte ich ihn für vollkommen verrückt erklärt.

Aber auch das will das Gesetz des Spiegels im Außen uns lehren: Wenn wir mit jemandem nicht in Resonanz sind, fällt er uns gar nicht weiter auf. Wir tendieren dazu, ihn zu übersehen. Sobald wir jemanden »deutlich wahrnehmen«, gibt es eine Verbundenheit zwischen uns. Ob die positiv oder negativ ist, ist letztlich egal. Vorzeichen sind umkehrbar und transformierbar, wie ich damals überdeutlich erlebt habe.

Mein (Manfreds) Vorschlag: Ziehe es in Erwägung, dir

genau die Menschen näher anzusehen, denen du bisher aus dem Weg gegangen bist. Was ist es, das dich am meisten am anderen stört? Vielleicht gibt es etwas in dir zu transformieren und es kann sogar eine tiefe und bereichernde Freundschaft entstehen. Damit meine ich nicht, dass du dir das Gejammer von Nörglertypen in epischer Breite anhören und dich energetisch zumüllen lassen sollst. Das zieht nur dich mit runter und transformiert niemanden. Ich meine mehr Leute, die ganz freundlich daherkommen, die du aber bisher aussortiert hast, weil sie nicht deinem inneren Bild von einem geeigneten Gesprächspartner entsprechen.

Kommen wir noch einmal zurück zu dem Beispiel von den 1000 Leuten in einem Raum, und dass wir, wenn wir starke Ablehnungen in uns tragen, genau so einen Typus Mensch anziehen. Waliha Cometti benutzt dieses Beispiel, um zu verdeutlichen, welche Kraft in unseren Gefühlen steckt. Nur bemerken wir das meistens gar nicht. Was wir ablehnen, ziehen wir magisch in unser Leben. Aber noch etwas weitergedacht wird auch klar: Eigenschaften, die wir nicht leben wollen oder die wir sogar ablehnen, sind noch immer ein Teil von uns! Wenn wir sie nicht leben wollen oder aus unserem Leben ausschließen wollen, dann holen wir eine entsprechende Umwelt in unser Leben hinein. Das Universum sorgt schon dafür, dass wir »ganz« werden. Entweder werden wir es in uns oder das Universum versorgt uns mit den fehlenden Eigenschaften durch unsere Partner, unsere Nachbarn, Arbeitskollegen oder Zufallsbekanntschaften.

Zum Beispiel gibt es in der Astrologie den Mars, der zur Aggressivität und Durchsetzungskraft gerechnet wird. Ein ungebremster Mars lebt sich und setzt sich locker durch. Ein gebremster Mars dagegen ist verhindert und seine Energie wird unterdrückt. Bei einem verhinderten Mars wird dann die Umwelt die Aggressivität für diesen Menschen übernehmen, das »Wellental« der Aggression wird von einem »Wellenberg« aus der Umwelt kompensiert werden. Im System »ich und du«, wenn also das Ich mit seiner es umgebenden Umwelt betrachtet wird als Gesamtheit, wird so vom Universum der Ausgleich hergestellt.

Wieder gilt auch hier der Satz der Mystiker »wie innen, so außen«: Was im Inneren eines Menschen nicht gelebt wird oder abgelehnt wird, aber natürlich da ist und da sein muss (in unserem Beispiel die Aggressivität) wird vom Außen übernommen und »für« diesen Menschen gelebt. Was also »innen« da ist, aber unterdrückt wird, muss vom »Außen« gelebt werden.

So erklären sich auch die Wasifas der Sufis: Die Qualität, die in meinem Leben fehlt (z.B. Aggressivität), kann durch ein bestimmtes Wasifa aktiviert werden. Dass diese Qualität fehlt, heißt also nicht, dass sie nicht da ist. Umgekehrt wird sich bei diesem Menschen automatisch die Umwelt weniger aggressiv zeigen, je mehr dieser Mensch seine eigene Durchsetzungskraft und Männlichkeit zulässt und bejahen kann. Im Idealfall ist ein Mensch »ganz«, die Sufis würden sagen: »Du bist, was du bist.« Dann lebt so ein Mensch alle seine Eigenschaften, ohne etwas innerlich zu unterdrücken oder an sich abzulehnen. Dann lehnt er auch das Außen nicht mehr ab und kann jeden Menschen so akzeptieren, wie er ist.

Manche Esoteriker sehen sich schon halb im Himmel, da sie ja glauben, nur noch lieb und nett zu sein. Wenn sie aber die Aggression in ihrem Inneren nicht wirklich angeschaut, sondern nur ausgegrenzt haben, erzeugen sie das, was sie selbst nicht leben, im Außen. Aggressivität ist ein Gefühlszustand, der energetisch immer noch über Depression und Angst liegt. Er will durchschritten und erlebt werden, damit man wirklich in die eigene Kraft und in Einheit mit allem kommen kann. Ähnlich wie Egoismus wird Aggressivität oft falsch verstanden, denn beide haben auch ihre guten Seiten. Alles annehmen zu können, bedeutet auch, alles lieben zu können, und vielleicht ist das ein Aspekt von Erleuchtung.

Wie eben am Beispiel der Aggressivität deutlich werden sollte, stellt sich bei dieser Sichtweise auch irgendwann die Frage: Wer ist schuld, wenn mein Nachbar, mein Partner, mein Arbeitskollege oder der Mensch neben mir in der U-Bahn aggressiv zu mir ist. Was zeigt mir dann die Umwelt? Das starre Ego klagt sicher über diese bösen Menschen, um nicht wachsen zu müssen. Doch das verfeinerte Ego wird sich fragen: »Was soll ich in dieser Situation lernen? Was soll ich in mein Leben bringen?« Vielleicht ist dieser »böse« Mensch in dieser Situation nur so, weil ich es hervorrufe, weil ich es brauche, um mich in diesem Spiegel selbst zu erkennen?

Dazu fällt mir (Bärbel) auch gleich ein Beispiel ein. Ich hatte einmal eine Kollegin, zu der ich freundlich sein wollte, aber ich habe es nicht geschafft. Sie hatte eine Art der weinerlichen Unterwürfigkeit an sich, die mich jedes Mal auf die Palme brachte. Fast immer gab ich ihr damals patzige Antworten oder gleich gar keine. Mich machte diese Art rasend. Nun hatte ich damals (das ist schon sehr lange her) einen sehr cholerischen Auftraggeber, dem gegenüber ich auch viel zu unterwürfig war. Leider wusste ich damals noch nichts über Spiegelgesetze oder Gesetze der Anziehung. Sonst wäre mir sicherlich aufgefallen, dass ich diese Kollegin als Übungsfeld nutzen kann und als Spiegel, um meine eigenen unterwürfigen Anteile zu überarbeiten. Wenn ich diese in mir aufgelöst hätte, dann hätte die Kollegin mich vermutlich auch nicht mehr aufgeregt. Und sie hätte natürlich mein Verhalten (und das der vielen anderen, denen es genauso ging wie mir) ebenfalls zur Innenschau nutzen können. Sie referierte immer nur darüber, wie böse die Welt ist und wie gemein alle zu ihr armen Frau sind.

In Wahrheit waren wir alle ihr Spiegel, um ihr zu zeigen, dass sie sich unnatürlich klein machte und dass das einfach nicht stimmig war. Der Betriebspsychologe der Firma sagte einmal zu mir, ihr Verhalten sei auch eine Art von Aggression, denn sie treibe alle in die Aggression damit und gäbe dann den anderen die Schuld. In Wahrheit wäre sie voller angestauter Wut, weil sie sich ihr ganzes Leben lang nicht wirklich gelebt habe. Und da sie sehr extrem darin war, waren auch die Spiegel im Außen sehr extrem. Viele Kollegen reagierten wirklich fies auf sie. Und keine Seite hat ihre Hausaufgaben gemacht damals, sondern alle haben unreflektiert weiter projiziert.

All das zeigt uns, dass der Gefühlskörper ein Gegensatzkörper ist. Wenn ich schüchtern bin und feinfühlig, dann soll ich lernen durchsetzungsfähiger und robuster zu werden. Denn feinfühlig bin ich ja schon. Mein Wachstum liegt im Gegenteil, um ganz zu werden. Solange ich Anteile in mir ablehne, wird mir meine Umwelt immer zeigen, wo ich wachsen darf. Dabei ist die Aggressivität nur ein Beispiel, das Pate steht. Stattdessen können hier alle Eigenschaften genommen werden, die ein Mensch haben kann: Egoismus, Sturheit, Rücksichtslosigkeit, Machtmissbrauch, aber auch Altruismus, Überanpassung, Rücksichtnahme oder Machtlosigkeit. Alles Menschliche können wir ablehnen im anderen Menschen, aber nur weil wir es in uns ablehnen und nicht zulassen können.

Letztlich dreht sich dieses Karussell der menschlichen Gefühle wieder nur um eines: die Selbstliebe und Selbstannahme. Was zeigt mir ein Mensch, der sich mir gegenüber aggressiv verhält? Du bist nicht gut genug, du bist nicht wert! Du bist nicht liebenswert! Was zeigt mir ein Mensch, der mich ablehnt, der mich verlässt, der mir zu wenig zahlt im Job, der mich übervorteilt, übers Ohr haut, mit Nichtbeachten straft, der mich unterdrückt, zwingt, ins Abseits drängt? Je mehr ich mich selbst liebe, umso mehr wird der Spiegel meiner Umwelt dies reflektieren, so wie der Hund im Spiegelsaal (in Bestellungen beim Universum). Was ich hineingebe in das System »ich und meine Umwelt«, das wird auch zu mir zurückkommen. Dabei ist Selbstliebe durchaus mit einem gesunden Egoismus verbunden, der gelernt hat, auch mal aggressiv sein zu können, auch mal durchsetzungsfähig, um »ganz« zu werden und zu sein. Dann erst kann aus dem Bewusstsein von Überfluss und Liebe heraus auch anderen gern und dankbar gegeben werden.

Zusammenfassung:
Wenn du in Gedanken der starken Ablehnung, in beispielsweise Wut und Ärger auf eine Person, in einen Saal

mit 1000 Menschen gehst, so wirst du ganz automatisch in Kürze neben einem Menschen sitzen, der ganz ähnlich deinem Widersacher ist.

Es ist daher so wichtig z.B. alten Partnern zu vergeben, sonst wird der neue dem alten nur allzu ähnlich sein.

Das ist das Gesetz des Spiegels: Die Menschen, die uns umgeben, spiegeln uns mit ihrer Art und ihrem Verhalten, wie es in uns drinnen aussieht. Allem voran spiegeln sie uns den Grad an Selbstliebe, den wir bereits erreicht haben!

Die Tier-Übung

Oft ist es gar nicht so einfach zu unseren unbewusst abgespeicherten Gefühlen vorzudringen, um sie aufzulösen. Es scheint, als wehre sich alles in uns dagegen und als versteckten sich manche Gefühle regelrecht. Mit einem Trick kann es jedoch ganz einfach gelingen. Denn dann merkt der Teil in uns, der Angst vor Veränderung hat, nicht, was eigentlich vor sich geht, und spart sich seine Abwehrmechanismen.

Ein wunderbarer Trick ist, Gefühle in Form von Tieren darzustellen. Das Tier bildet dann eine Metapher für das Gefühl, und indem wir uns innerlich fragen, was das Tier braucht, finden wir heraus, was eigentlich unser Gefühl braucht, um heilen zu können.

So funktioniert diese Technik:
- Erinnere dich möglichst intensiv an die unerwünschte Situation oder das negative Gefühl.
- Wenn dieses Gefühl ein Tier wäre, welches Tier

könnte es sein? Es ist vom Wolpertinger über jedwedes Fabelwesen bis zum einfachen Wurm oder einem prachtvollen Adler alles erlaubt.

- Dein Gefühl ist jetzt ein Tier. Wie geht es diesem Tier? Wie fühlt sich das Tier?
- Was braucht das Tier, um sich wieder gut zu fühlen? Dabei ist alles erlaubt. Stell dir einfach eine Situation vor, in der für das Tier alles gut wäre. Was braucht es dazu? Fühl genau in dich hinein.

Im Folgenden eine Beispielsitzung mit Manfred zum Thema Heuschnupfen, gekürzt auf die Essenz.

Manfred: »Wie fühlst du dich, wenn du Heuschnupfen hast?«

Klientin: »Grässlich. Ich hasse es.«

M: »Wo im Körper fühlst du das? Wie genau fühlt es sich an?«

K: »Ich fühle es im ganzen Körper, alles flirrt, genauso wie die Hitze, die gerade um uns ist, die flirrt auch.«

M: »Fühl so genau wie möglich hin. Was kommen dir noch für Bilder dazu?«

K: »Das erinnert mich an die Sommerurlaube als Kind. Wir waren den ganzen Tag am Strand und es war mir viel zu heiß und zu sandig und klebrig, aber ich konnte nicht weg und musste mit dableiben, bis meine Eltern gingen. Es kam mir immer ewig vor.«

M: »Wenn das Gefühl dieser Erinnerung ein Tier wäre, wie würde es dann aussehen?«

K: »Ein großer Feuer spuckender Drache.«

M: »Beschreib ihn noch genauer.«

K: »Er hat eine klebrige Haut, an der lauter Sand klebt. Alles an ihm ist heiß und klebrig.«

M: »Wie fühlt der Drache sich?«

K: »Ganz furchtbar. Er hat keine Chance der Situation zu entkommen.«

M: »Frag den Drachen mal in Gedanken, was er braucht.«

K hinfühlend und sich dann wundernd: »Mitgefühl?«

M: »Warum nicht? Öffne dein Herz und gib ihm ganz viel Mitgefühl. Was passiert dann?«

K: »Es geht ihm etwas besser. Die Aussichtslosigkeit seiner Situation ist nicht mehr ganz so schlimm.«

M: »Was ist das Schlimmste an seiner Situation?«

K: »Dass er darin gefangen ist, dass er nichts ändern kann.«

M: »Gibt es da irgendwelche Parallelen zu deinem Heuschnupfen?«

K: »Ja, das kann man wohl sagen. Ich glaube, es ist tatsächlich das Schlimmste, dass ich mich so unfrei und ausgeliefert fühle und nicht weg kann.«

M: »Dann liegt deine ganz persönliche Lösung darin, genau dieses Gefühl ganz anzunehmen. Wann immer du wieder einen Heuschnupfenanfall hast, geh in das Gefühl des Ausgeliefertseins. Man muss ganz in das Gefühl gehen, das man vermeiden will, dann löst es sich auf. Spür immer hin, welches Gefühl du gerade am meisten vermeiden willst und fühle es dann erst recht, so intensiv du kannst. Aber bevor dann das Ego kommt und sich zu sehr damit identifiziert, frag dich selbst immer wieder, wo im Körper und wie genau du dieses Gefühl spüren kannst. Indem du das Gefühl beobachtest, nimmst du dem Ego die Möglichkeit sich von neuem anzuhaften.

Komm, lass es uns ausprobieren. Wir gehen durch ein paar Felder und Blumenwiesen und du fühlst genau hin.« Sie machen es. K. hat den nächsten Heuschnupfenanfall und übt: »Ich fühle mich total ausgeliefert. Ich kann nichts machen. Ich habe keine Chance. Hallo Gefühl, ich spür dich, wo genau im Körper bist du? Aha, ich fühle dich, da bist du also.«

Und nach einer Weile: »Ich arme Sau, ich ärmste aller armen Säue. Ich muss diesen Mist aushalten und kann für immer nichts machen. Ich muss es ertragen, ach ich Arme …« Sie lässt den Kopf hängen.

M: »Wo im Körper fühlst du das ›Arme-Sau-Gefühl‹?«

K fühlt hin und fängt an zu kichern: »Es hat was Absurdes. Das Gefühl haut ab, wenn ich es suche. Irgendwie muss ich dabei über mich selbst lachen, wie ich hier stehe und das Arme-Sau-Gefühl im Körper suche.«

Sie gehen noch eine Weile weiter und K. schnuppert an blühenden Gräsern, um weitere Anfälle auszulösen, um weiter das Gefühl beobachten zu können. Nach einer Weile schafft sie es nicht mehr. »Komisch, normalerweise will ich den Heuschnupfen immer vermeiden. Aber heute, wo ich ihn mal voll auskosten will und ihn in jeder Ecke meines Seins genau spüren will als Gefühl, da muss ich mir noch Tricks ausdenken, um ihn auszulösen. Und je mehr ich versuche ihn herzuzwingen, desto mehr verschwindet er!«

M: »Das ist ja ärgerlich …«

K. guckt überrascht und dann lachen beide los.

M: »Was ist das Gefühl, das du dir in Bezug auf Heuschnupfen am meisten wünschen würdest?«

K: »Frei zu sein vom Heuschnupfen, ganz frei und unbeschwert.«

M: »Lass uns noch mal Pause machen und dieses Gefühl ganz aus deinem Herzen der ganzen Menschheit wünschen. Indem du es allen wünschst, ziehst du es mehr und mehr in dein Leben.«

Diese Sitzung kannst du auf alles übertragen.

- Alle Gefühle, die du krampfhaft vermeiden willst, tun alles, um sich immer wieder in deinem Leben zu zeigen. Sie wollen von dir angeschaut, gespürt und aufgelöst werden.
- Je mehr du beispielsweise versuchst, unter allen Umständen ein Single-Dasein zu vermeiden, desto länger wirst du Single bleiben.

Also, schau das Negative an: Sei ganz mit dem Gefühl, das du vermeiden willst. Spüre das schlimmste Gefühl dabei in deinem Körper auf. Wo sitzt es?

Und die positive Seite: Nutze die Kraft des negativen Gefühls für Veränderungen an dir selbst. Sei kreativ, lerne dich selbst besser kennen und werde der Traumpartner, den du dir wünschst. Lerne dich selbst zu lieben. Je mehr du »ja« sagst zu dieser Gelegenheit an dir selbst zu arbeiten, desto schneller ist der neue Partner da und diesmal einer, mit dem du eine Beziehung auf einer höheren, harmonischeren Ebene als bisher leben kannst.

- Du willst unter allen Umständen Geldmangel vermeiden – das erschafft ihn. Sei ganz mit dem Mangel.

Schau das Negative an: Wo im Körper kannst du das Armsein, den Mangel spüren? Welche Gefühle verbindest du noch mit Armsein? Minderwertig zu sein ist es für manche, für andere die Unfreiheit und nicht tun zu können, was sie möchten. Für jeden kann es ein anderes Hauptgefühl sein, das er am meisten ablehnt. Sei ganz mit diesem Gefühl und beobachte es.

Auf der positiven Seite des Gefühls: Genieße die Einfachheit (Buchtipp: Die Kunst des stilvollen Verarmens von Alexander von Schönburg), werde kreativ, mache mit wenig viel. Und wann immer du Geld bekommst, egal wie wenig, nimm es in Liebe an und heiße es willkommen. Wann immer du Geld ausgibst, freu dich, dass du etwas zum Ausgeben hast. Danke für jeden Cent, den du ausgeben kannst. Denn: Wenn du jedes Mal positive Gefühle hast, wenn du mit Geld in Berührung kommst, wird automatisch mehr davon zu dir kommen. Wohingegen dein Unterbewusstsein das »böse Geld« umso mehr von dir fern hält, je mehr negative Gefühle du hast, sobald du Geld bekommst oder ausgibst oder dran denkst. Das ist nett gemeint, dein Unterbewusstsein will dich vor Dingen bewahren, die dir schlechte Gefühle machen.

- Probleme in der Partnerschaft und mit Kindern: Das kennst du sicher. Je mehr du etwas ablehnst an deinem Partner oder den Kindern, desto mehr werden sie erst recht so. Nimm wieder das Gefühl, das du in der jeweiligen Situation hast, ganz an und befasse dich mit Selbstliebe, unabhängig von dem, was um dich herum passiert. Sobald du das geschafft hast, ist das der Moment, in dem sich alle ändern werden!

WICHTIG: Unsere Beispielklientin hatte Glück. Sie hat eine Besserung ihres Problems in nur einer Sitzung erreicht. Wie alle nehmen wir gerne die größten Erfolge als Beispiele, aber wir wollen auch ehrlich sein, oft brauchen wir mehr als eine Sitzung. Wobei es nicht ständig Begleitung dabei braucht. Man kann solche Sitzungen auch ganz mit sich alleine machen. Der Grund dafür, dass wir uns tiefer liegende, lange verdrängte Gefühle oft mehrmals ansehen müssen, liegt in der Schwierigkeit, ganz ehrlich zu uns selbst zu sein. Das sind wir nicht gewohnt und das Ego ist ein Meister darin, Ausflüchte zu suchen. Kaum nähern wir uns dem Kern des Gefühls und sind auf dem besten Weg die Anhaftung und Identifikation des Ego mit diesem Gefühl aufzulösen, da erzählt uns doch eben jenes Ego, wir müssten dringend just in diesem Augenblick die Hände waschen, Nase putzen, das Fenster öffnen oder was auch immer.

Das Ego weiß genau: Wenn wir das Gefühl einmal ganz genau treffen und es ans Tageslicht des bewussten Durchlebens holen, dann ist es weg und kehrt sich von alleine um in sein Gegenteil! Und das wäre furchtbar, denn dann hätte das Ego nichts mehr zum Jammern.

Darum: Erlaube dir glücklich zu sein und versprich deinem Ego, dass du ihm einen neuen Job beschaffen (siehe Egokapitel) und es immer lieben wirst, auch wenn es die ganze Welt rund um die Uhr nur lobt (das verfeinerte Ego tut das).

Gefühlsübungen für
Universumsbesteller

Als Universumsbesteller interessieren mich zwei Dinge: Falls ich etwas unbedingt, ganz wichtig und dringend »abbestellen« und ändern will: Welches Gefühl will ich damit vermeiden? Gibt es ein Gefühl, bei dem es sinnvoll scheint es zu integrieren, damit es sich ins Gegenteil drehen kann?

Und bei allem, was ich bestelle? Welches Gefühl verbinde ich mit der Lieferung? Wo in meinem Leben ist das positive Wunschgefühl vielleicht schon vorhanden? Wie kann ich es verstärken?

In den »Reklamationen beim Universum« habe ich von der Technik einiger Indianerstämme berichtet. Sie überlegen sich, wie ihr Leben aussehen würde, wenn sie das Gewünschte bereits hätten. Wie wäre der Tagesablauf? Wie würde es ihnen gehen? Was wäre anders? Wie würde es sich anfühlen? Sie beschreiben mit möglichst vielen Details, wie es sich anfühlen würde und was alles toll daran wäre, wenn das Gewünschte schon da wäre. Und wenn sie es ganz fühlen können, dann danken sie dafür, als hätten sie es schon erhalten. Das zieht nach ihrer Auffassung das Gewünschte ins Leben. Wovor sie warnen ist häufiges Bitten um das Gewünschte (wiederholte Bestellungen). Denn indem man um etwas bittet, das man nicht hat, verstärkt man die Mangelgefühle, und da die Gefühle das sind, was am intensivsten erschafft, erzeugt man weiteren Mangel damit. Wichtig ist bei den Indianern auch, auf das Gefühl aufzupassen. Es muss positiv und lebendig sein, um das Gewünschte zu erschaffen.

Bisher waren wir ein wenig ratlos, was zu tun ist, wenn wir eine Bestellung scheinbar nicht loslassen konnten. Nun haben wir neue Möglichkeiten. Wir können uns darin üben, das, was wir vermeiden wollen, ganz anzunehmen, dann löst sich das Gefühl von alleine auf. Und dann gibt es nichts mehr loszulassen. Vorfreude oder ruhige Gelassenheit sind optimal. Die brauchen wir nicht loszulassen. Wir können in der Vorstellung schwelgen, wie schön es ist, wenn …

Nur die Sorgen, Zweifel und Ängste heben die positiven Bestellungen auf die Dauer auf. Schau dir das negative Gefühl: Nimm die Sorgen, Zweifel und Ängste ganz an. Fühle sie zu Ende. Sei mit ihnen und beobachte, wo im Körper sie sitzen, so lange bis sie sich auflösen. So lange bis du ganz mit dem Ist-Zustand in Frieden sein kannst. Dann gibt es nichts loszulassen. Dann kann die Bestellung loszischen wie ein Pfeil ins Ziel und morgen klingelt schon der Lieferbote (z.B. innerlich mit einer intuitiven Eingebung). Auf der positiven Seite des Gefühls: Finde das Geschenk hinter dem Problem. Es gibt eins in jedem Problem. Lade universelles, göttliches Bewusstsein in jede deiner Billionen von Körperzellen ein, öffne dein Herz und spüre die All-Einheit und Urkraft in dir. Frage sie nach dem Geschenk im Problem. Oder danach, wie du am besten die Kraft des negativen Gefühls umlenken und für dich nutzen kannst.

Schau dich um und finde die Dinge, die du liebst, so wie sie sind, egal wie klein diese Dinge sind (Gut-Fühl-Liste). Das kann dein Lieblingsbleistift sein, die Sonne, eine Pflanze, dein Körper u.s.w.

Werner Ablass bietet mit seinem Buch »Leide nicht – liebe« eine geniale Abkürzung für das Annehmen negativer Gefühle an: Liebe sie so, wie sie sind. Liebe dich selbst, auch wenn du wütend, traurig oder ärgerlich bist. Liebe deine Wut, Ablehnung und deinen Ärger. Das ist auch genial. Denn wenn du die Wut liebst, musst du sie nicht mehr verdrängen, sondern kannst sie ebenfalls geruhsam zu Ende fühlen.

Wenn du deinen Zweifel liebst, brauchst du ihn auch nicht mehr loszulassen, sondern kannst ihn ganz annehmen, mit ihm sein und ihn zu Ende fühlen, bis er sich von alleine ins Gegenteil dreht: Ins Vertrauen!

ZUSAMMENFASSUNG:
Achte auf das Gefühl hinter deiner Bestellung. Welches Gefühl möchtest du möglicherweise vermeiden und welches ist dein Wunschgefühl?

Warum Herzenswünsche
stärker sind

Wir haben schon relativ viel im Buch über die Beweggründe des Ego und seine Freude am Negativen gehört, so dass klar wird, dass reine Egowünsche oft einen Beigeschmack von »etwas vermeiden wollen« anstatt »etwas aus Freude am Sein wollen« haben.

Die Energie des Herzens ist hingegen nie eine Energie des Jammerns, sondern stets in Verbindung mit dem, was wir jenseits dieses irdischen Lebens sind, mit unserem spirituellen Wesenskern. Das Herz ist in Verbindung mit dem Empfinden. Und Ideen und Wünsche, die aus dem Herzen kommen, können kindlich, banal, lustig, einfach freudig oder auch erfüllend, zur Berufung führend oder die Welt bereichernd sein. Aber es sind Wünsche aus Freude an etwas oder Wünsche von Dingen, die unsere Seele erfahren oder erleben möchte und damit Wünsche, die unendlich mehr Kraft haben als Egowünsche. Wenn ich daher auf das positive Gefühl hinter meinen Wünschen achte, bin ich bereits wieder viel näher an dem, was mein Herz sich wünscht, als an dem, was der Verstand sich oberflächlich ausdenkt.

Klassisches Beispiel: Mein Wesen wünscht sich Freiheit und der Verstand denkt, ein Cabriolet, das wäre es: offenes Dach ist Freiheit. Aber das Herz sucht vielleicht eine ganz andere Freiheit, die Freiheit, für mich selbst entscheiden zu können und mir von niemandem etwas vorschreiben lassen zu müssen. Vielleicht ist das etwas, was sich der Verstand, aus Existenzängsten heraus, noch nicht einmal traut zu denken. In der Firma kann ich schließlich nie für mich entscheiden, denkt sich der kleine Angestellte und kompensiert mit einem Cabriolet.

Verstand, Ego und alte Muster und Ängste wirken ineinander, oft ohne dass wir es merken. Während wir viel reiner und purer bei der Essenz unserer Wünsche sind, wenn wir auf unser Herz lauschen.

Apropos Existenzängste: Hinter vielen Ängsten, Verdrängungsmechanismen und »Versagen« in wichtigen Situationen verbergen sich instinktive Existenzängste. Etwas in uns denkt insgeheim, unser Leben wäre in Gefahr. Wir reagieren beispielsweise bei einer simplen Prüfung oder wenn wir zu uns und unseren Bedürfnissen stehen wollen, so panisch, als ginge es um unser Leben. Das hat mit dem Mandelkern im Gehirn zu tun (siehe Gehirnforschung, Prof. Spitzer u.a.), mit der Art, wie wir was und wann im Leben gelernt haben, und mit uralten Instinkten, die immer gleich den »Wegrennmechanismus« ein- und Verstand und Intuition ausschalten, wenn es irgendwie brenzlig wird. Gut erklärt im Detail ist das in dem Buch »Erfolgsgefühle« von Thomas Klüh.

Trick: Frage dich in jeder schwierigen Situation ganz bewusst selbst, ob dein Leben dadurch in Gefahr kommt, und beobachte, ob allein die Erkenntnis, dass das nicht der Fall ist, dich irgendwie beruhigt …

Zurück zu den Herzenswünschen: Mir von Herzen etwas zu wünschen bedeutet, es mit Liebe zu wünschen. Und

Liebe ist die stärkste Kraft im Universum. Liebe enthält – spirituell gesehen – die größtmögliche Menge an Licht. Im Kapitel »Nur wer die Herzen bewegt, bewegt die Welt« hatten wir es bereits: Alle Materie besteht aus Licht und aus spiritueller Sicht auch alles, was sich im Leben an Situationen fügt oder was überhaupt erschaffen werden kann. Licht und Liebe sind somit die Baustoffe, aus denen alles gemacht wird. Wenn ich nun aus dem Herzen und aus der Liebe heraus etwas wünsche, enthält dieser Wunsch automatisch mehr Baustoffe als einer, der ohne Liebe gewünscht wurde. Und darum hat er auch mehr Kraft.

Im nächsten Kapitel wird noch ein Grund vorgestellt, warum Herzenswünsche stärker sind: Das Herz ist am direktesten mit der universellen Intelligenz verbunden. Ist ja auch kein Wunder. Alles besteht aus Licht und Liebe, das Herz generiert Licht und Liebe, also sind Herzensqualitäten und alles, was von dort heraus entsteht, diejenigen Dinge, die der Urkraft am nächsten liegen.

ZUSAMMENFASSUNG:
Wenn ich aus Mangel- oder Ablehnungsgefühlen heraus bestelle oder wünsche, haben meine Wünsche wenig Kraft.
Was ich aus dem Herzen heraus bestelle, bestelle ich aus Liebe. Liebe ist die stärkste Kraft im Universum. Somit sind Herzenswünsche getragen von der Kraft der Liebe.

Das Fühlgebet

Gregg Braden (Autor des Buches »Der Jesaja Effekt«, in dem es um die Kraft des Gebetes geht) schreibt, dass es in ganz alten religiösen Texten noch das Fühlgebet gab, das aus den neueren Schriften verschwunden ist. Beim Fühlgebet dienen Worte und Gedanken nur dazu, ein Gefühl im Herzen zu erzeugen, als wäre der gewünschte Zustand schon da. Nach dieser Technik gehören die drei oberen Chakras in den geistigen Bereich und die drei unteren in den körperlichen Bereich. Die Mitte, das Herzchakra, steht für das Gefühl und als einziges für die Verbindung und Kommunikation mit dem intelligenten Energiefeld (Gott, All-Einheit), das uns umgibt. Das Gefühl ist quasi die Sprache des Herzens und auch die Sprache der universellen Intelligenz. Alle Schöpferkraft kommt demnach aus dem Herzen und aus dem Gefühl. Jedes Gefühl ist schöpferisch und darum erschafft auch das Fühlgebet alles das, was wir mit dem Herzen zu fühlen in der Lage sind.

Die ursprüngliche Form des Fühlgebetes, wie von Gregg Braden beschrieben, ähnelt auch der Technik der alten Indianer: Man stellt sich vor, wie es wäre, wenn das Gewünschte bereits da wäre, und sobald man es gut fühlen kann, dankt man dafür. Beim Fühlgebet achtet man darauf, dass dieser Prozess über die Kraft des Herzens läuft und dass man möglichst viel Liebe spürt dabei. Eine mögliche Variante dieser Technik ist, sich nach dem Fühlgebet die Aufgabe zu stellen, möglichst viele Kleinigkeiten des Alltags mit dem Herzen zu tun und dabei neue, positive Gewohnheiten zu setzen.

Mein (Bärbels) Tipp: Fang mit einer einzigen, völlig belanglosen Tätigkeit an, die du täglich erledigst. Zum Beispiel Geschirr spülen, Zähne putzen, etwas Bestimmtes aufräumen, etwas mit den Kindern zusammen tun, bei dem du normalerweise gestresst bist (sie an- oder ausziehen zum Beispiel. Wenn man mehrere Kinder hat, kann das manchmal richtig anstrengend werden, bis alle ausgehbereit sind), irgendwelche lästigen Routinearbeiten im Büro oder was auch immer. Such dir eins davon aus und beschließe, dies ab sofort mit dem Herzen und mit Genuss und Dankbarkeit zu tun. Sei dankbar, dass du in der Lage bist, diese Tätigkeit auszuführen, und genieße sie, als sei sie der größte Spaß auf Erden. Vielleicht fandest du es ja als Kind ganz toll, wenn »die Großen« alleine Zähne putzen konnten oder etwas Ähnliches. Nun bist du groß und kannst es tun, also genieße es auch.

Schreib es dir auf und kleb dir den Merkzettel an einen guten Ort für diese Tätigkeit oder an einen Ort, an dem es dir oft genug ins Auge fällt. Und gewöhne dir wirklich an, diese eine Tätigkeit mit Liebe und Freude zu tun. Beispiel Zähne putzen: Studien haben herausgefunden, dass wir schneller die Zähne putzen, schneller duschen, schneller essen und weniger schlafen als noch in den 70er-Jahren. Und was tun wir mit der toll gesparten Zeit (38 Minuten am Tag haben wir angeblich mehr Zeit)? Fernsehen. Na, was für ein Gewinn. Wenn du Zähne putzen gewählt hast, dann entscheide dich ab sofort Zähne zu putzen, als wäre das ein Ritual, das man erledigt, so wie man mit tiefstem innersten Genuss die Musik einer Oper in der Arena di Verona hört, sieht und auf sich wirken lässt (wobei ich inhaltlich für die Zukunft hoffe, dass mal jemand neue spirituelle und auf konstruktive Weise lehrreiche Opern schreibt, anstelle von den alten Drama-Schmodder-Stories, aber das ist ein ganz anderes Thema). Putze die Zähne meditativ. Putze sie mit Dankbarkeit. Freu dich am Badezimmer, an der Zahnbürste mit den wunderbar abgerundeten Borsten, liebe deine Zähne, sende ihnen Wertschätzung in Gedanken, genieße das Gefühl der Borsten auf deinem Zahnfleisch, liebe das Zähneputzen und steigere dich in den Zahnputzorgasmus. Sorry, kleiner Scherz, das ist zwar vielleicht auch möglich, aber sicher nicht unbedingt nötig.

Ich habe das natürlich ausprobiert und es war faszinierenderweise nach einer Weile so, dass es reichte, dass ich in irgendeiner Werbung oder Auslage eine Zahnbürste sah und schon fing ich an mich zu entspannen und häufig rutschte mir sogar ein automatischer Grinser ins Gesicht. Beim Anblick einer Zahnbürste!

Es darf auch die Kaffeetasse sein, das Schuhputzzeug oder der Auto- oder Haustürschlüssel. Wann immer du etwas aufschließt, tue es mit Genuss. Nutze diesen kleinen Augenblick, dankbar zu sein für das, was du gerade aufschließt (Auto, Wohnung, Schrank). Liebe das, was du aufschließt und die Tätigkeit des Schließens. Stell dir vor, du wärst ein kleines Kind, das gerade den Mechanismus des schließenden Schlüssels entdeckt und schließe mit Genuss und Freude.

All das ist eine Art Fortsetzung des Fühlgebetes, denn du setzt kleine Akzente von bewussten positiven Gefühlen in kleinen alltäglichen Dingen. Du hebst damit auf Dauer Stück für Stück dein Grundgefühl an, deine Schwingung und die Qualität der Dinge, die du per Resonanzgesetz in dein Leben ziehst. Und beim Vermehren von liebevollen Gefühlen gilt: Je banaler der Anlass, desto reiner das Gefühl! Große Energien erzeugen wir nicht unbedingt, indem wir Großes vollbringen, sondern indem wir völlig zweckfrei die Liebe der Schöpfung in kurzen Momenten der Stille und des kindlichen Tuns, frei von jedem weiteren Ziel, genießen! Das ist wie ein »Sekunden-Fühlgebet«, ein Augenblick, in dem wir geballte Lebenskraft durch uns fließen lassen. Aus der Kraft solcher Momente entsteht Schöpfungskraft, weil Liebe und reines Sein aus diesen Momenten heraus erwachsen.

ZUSAMMENFASSUNG:
Was die Seele und das Gefühl nährt ist
... das Einfache
... das Ruhige
... das Leise
... das Eigene
... das Langsame.

Arbeit am Selbst neu definieren: Richtig ist es, wenn es Spaß macht

Es gibt ein schönes Bild aus dem koreanischen Buddhismus, das von der Zen-Meisterin Da Haeng Kun Sinim stammt: »Wenn sich die inneren Tore zur Weisheit öffnen, dann sollst du sein wie ein Specht: Immer und immer wieder stößt er seinen Schnabel in den Baum, voller Ausdauer und Hingabe, bis sein Bau vollendet ist.«

Das hört sich für viele nach zäher, harter Arbeit an und ich denke, das stimmt nicht ganz. Das mag es sein, wenn man von sehr weit unten anfängt auf der Gefühlsskala (stark schwermütig) und wenn man gerade erst anfängt. Aber der Spruch heißt: »Sei wie ein Specht, der voller Hingabe und Ausdauer seinen Bau errichtet.« Es heißt nicht: »Sei wie ein Eichhörnchen, das versucht einen Spechtbau zu bauen ...« Es heißt auch nicht: »Klopfe öde auf den Stamm ein, egal ob dir diese Tätigkeit liegt oder nicht.«

Wichtig dabei ist nämlich, dass es die höchste Freude eines Spechtes ist, seinen eigenen Bau zu bauen. So wie es eine meiner (Bärbels) höchsten Freuden ist, im Schreiben zu versinken. Stell dir also Arbeit am Selbst nicht im Sinne anstrengender lustloser Arbeit vor. Die Arbeit besteht als Erstes darin, den Job und den Weg für dich aufzuspüren, den du mit Freude und großer Leichtigkeit tun und gehen kannst. Jedes Gefühl von Anstrengung oder Gedanken wie: »Oh weh, jetzt ist auch noch diese Persönlichkeitsentwicklung genauso anstrengend wie mein öder Job«, sind ganz logischerweise kontraproduktiv. Dabei öffnet sich dein Herz ganz sicher nicht.

Beginne die »Arbeit am Selbst« damit, dich jetzt gut zu fühlen. Beginne damit, dein Herz zu öffnen und mehr und mehr kleine und große Freuden darin zu entdecken. Beginne damit, dich verbunden mit der Urkraft zu fühlen. Und verbunden bist du immer dann, wenn du dein Herz öffnest und nach den feinen Empfindungen darin Ausschau hältst. Das macht Spaß. Es nennt sich spirituelle Arbeit, aber es ist mehr eine Art spiritueller Dauer-Selbstbeschenkung – mit den besten Resultaten. Endlich hört es auch der bisher innerlich Taube, wenn die Intuition und der kosmische Lieferbote rufen.

Schon Einstein wusste: »Alle Natur tendiert zur Harmonie.« Was du hier tust beim »Arbeiten« mit Gefühlen und beim »Arbeiten an dir selbst« ist, deine Natur freizulegen, deine Freude freizulegen und Spaß dabei zu haben. Das Gefühl von harter, zäher, lustloser Arbeit ist Schnee von gestern. Erinnere dich: Das Gefühl erzeugt den Sog. Hier sitzt du also womöglich und arbeitest hart an dir. Was soll dabei rauskommen? Das Gefühl ist: »Es ist hart, es ist schwierig.« Das Ergebnis wird sein, es bleibt hart und schwierig. Wahre Gefühlsarbeit besteht darin, Freude am Prozess zu erleben. Denn ich will ja eine hohe Schwingung, dass das Gefühl von Freude den Sog erzeugt, dass ich die Liebe zur Schöpfung vom Herzen aus empfinde, dass es mir jetzt gut geht und ich jetzt freudig lebe.

Wenn ich hart an mir arbeite, weil ja alles an mir so falsch ist und ich noch so weit weg davon bin gut und in Ordnung zu sein, so wie ich bin –, was für eine Schwingung ist das denn? Welchen Sog erzeuge ich denn damit? Ich mache mich klein und schwer und entsprechend wird das Ergebnis sein. Wenn du dich bei so etwas ertappst, dann lass gleich alles stehen und liegen und meditiere über folgende Sätze:

- Ich bin perfekt, so wie ich bin. Ich liebe mich, so wie ich bin. Der Kosmos liebt mich, so wie ich bin. Alles, was es zu tun gibt ist, Gebrauch von meinem freien Willen zu machen und zu bestimmen, in welcher Schwingung ich mich aufhalte.
- Aber ob ich hoch oder niedrig schwinge – ich bleibe immer gleichermaßen o.k., so wie ich bin, und die gleiche Menge an kosmischer Liebe steht mir zur Verfügung.
- Alles ist gut. Ich kann jederzeit mein Herz öffnen und mehr kosmische Liebe in mich hineinfließen lassen. Ich kann es auch lassen. Ich wähle jetzt und ich liebe mich, egal was ich jetzt wähle.
- Ich darf mich freuen, aber ich muss nicht. Wenn ich freudige Dinge in mein Leben ziehen will, ist Freude das beste Gefühl, um einen Sog für diese freudigen Dinge zu erzeugen. Will ich das? Ja? O.k., dann schaue ich mich jetzt um, da wo ich bin, worauf ich meine Aufmerksamkeit lenken kann, um mich bereits jetzt in diesem Moment mindestens ein kleines Stückchen mehr zu freuen. An was kann ich denken, das mir jetzt ein gutes Gefühl gibt?

Das ist der eigentliche Teil der »Arbeit«. Er besteht darin, wie ein Kind umherzuschauen und hinzufühlen, welches Spiel ich jetzt spielen möchte.

Und übrigens: Bei aller Wichtigkeit des zu Ende Fühlens von Gefühlen – wenn man das rund um die Uhr betreibt, mit dem Gefühl noch endlos viel in sich vergraben zu haben, was unbedingt aufgelöst und zu Ende gefühlt gehört, dann ist man auch schon wieder im Rückwärtsgang unterwegs.

Die erste Hauptübung ist: Sei glücklich jetzt. Öffne dein Herz jetzt. Entdecke das feine Empfinden im Herzen jetzt. Damit säst du den Samen dessen, was du wirklich in deinem Leben wachsen lassen willst. Tue es, um deine Schwingung zu erhöhen und um positiv präsent im Augenblick zu sein. Das nämlich ist der ideale Zustand für universelle Lieferannahmen. In diesem Zustand bist du offen für die kleinen Hinweise von innen, die dich zur richtigen Zeit das Richtige tun lassen, um zu deiner Wunscherfüllung zu gelangen.

Die zweite Hauptübung: Wenn im Alltag negative Gefühle auftauchen, heißt es: Brust raus, Herz auf und das Gefühl genau beobachten! »Das schaffe ich nicht«, denkst du? Aber wir schaffen es doch auch uns zusammenzuziehen und den Kopf einzuziehen. Genau das macht alles noch schlimmer. Ab jetzt machen wir es uns leichter. Brust raus, Herz auf und das Gefühl genau beobachten! »Wer bist du, Gefühl? Wo im Körper sitzt du? Wie genau fühlst du dich an?« Indem du das Gefühl identifizierst, nimmst du ihm bereits die gefährlichsten Spitzen, du verhinderst, dass es ein unbewusstes Muster wird, und du gibst ihm die Chance, sich ins Gegenteil zu kehren. Jedes Gefühl beinhaltet sein Gegenteil, wenn es ganz gefühlt wird!

Teil III

Praktische

Anwendungen

Blitzdraht zur Urkraft

Wir haben einen Fernseher im Gästezimmer für das Aupair-Mädchen. Und manchmal finde ich Manfred dort, »sich einen Horrorfetzen vor der Glotze reinziehend«. Heute war einer dieser Abende. Manfred war verschwunden. Zum Spazierengehen war es zu spät und in der Tat, er saß gerade vor den letzten fünf Minuten eines Thrillers. »Bleib doch hier, ist gleich fertig, dann komme ich mit ins Bett«, meinte er und zog mich mit aufs Sofa. In diesen fünf Minuten kamen ungefähr drei Zombies drin vor, eine Menge Blut und viele Gefühle von Entsetzen, Angst und Gefangensein auf Bewusstseinsebenen, die mir von alleine nie einfallen würden. Und ich war in offener, ahnungsloser, leider viel zu aufnahmefähiger Stimmung. Der Mann meiner Schwester guckt genau so ein Zeug. Es ist mir evolutionär unklar, warum Männer so viel Spaß daran haben. Aber egal, wir gingen also danach ins Bett. Und, welch Wunder, ich konnte nicht schlafen. Ich sah mich im Geiste umschwirrt von einer Galerie von Un-Toten, die stöhnen, weil sie den Weg aus ihrer ungastlichen Welt heraus nicht mehr finden. Grässlich. Ich fing an zu befürchten, dass ich solche Energien und Wesen ruckizucki wirklich in mein Energiefeld ziehen würde, wenn ich nicht aufhörte, daran zu denken.

»Hallo, universelle Urkraft, bitte komm sofort«, rief ich in Gedanken. »Ich möchte eine direkte Verbindung mit dir, dem Ursprung allen Seins. Ich möchte mich sofort und direkt verbunden fühlen mit dem Teil des Göttlichen, in dem außer Licht und Liebe und reinem Sein nichts existiert.«

Dabei fiel mir der Kinofilm »Hinter dem Horizont« mit Robin Williams ein und alle Bücher von Neale Donald Walsch gleichzeitig. In beiden wiederholt sich die Aussage: »Die Hölle ist kein Ort, sie ist ein Bewusstseinszustand. Auch der Himmel ist kein Ort, sondern ein Bewusstseinszustand.« Die Zombie-Ebene ist somit auch kein Ort, sondern ein Bewusstseinszustand. Beruhigend. Ich brauche nur mein Bewusstsein auf den Himmel auszurichten und schon bin ich da. Entschlossen wiederholte ich: »Ich weigere mich, irgendetwas anderes als reine göttliche Urkraft wahrzunehmen. Es möge erschaffen, wer will, was er will, und sich aufhalten, in welchen Bewusstseinszuständen auch immer. Ich beharre darauf, in diesem Moment meine ganze Aufmerksamkeit und Konzentration auf das Wahrnehmen der göttlichen Urkraft und auf Licht und Liebe zu lenken. Nichts anderes interessiert mich jetzt in diesem Moment. Bewusstsein, wo bist du? Reine Liebe will ich sehen, reines Licht, Urkraft der Schöpfung und sonst nix.«

Reine Liebe macht den größten Teil der Schöpfung aus. Man muss nur wild genug entschlossen sein, dann kommt die Wahrnehmung dieser Urenergie auch. Nachdem ich ein paar Mal tief in meine Wahrnehmung reiner göttlicher Urkraft und Liebe hineingeatmet hatte, lösten sich die unerfreulichen Bilder ganz auf. Uff, ein Glück.

Ja, aber Moment mal … Nun sinnierte ich darüber nach, ob es nicht schwach sei, panisch zurück in den Mama-/

Papa-/universelle Urkraft-Schoß zu fliehen und vor Angst zu schlottern, sobald jemand in meiner Nähe etwas weniger Lichtvolles erschafft. Wenn doch alles Gott ist, dann auch die unangenehm-göttlichen Wesen. Sie haben es nur vergessen. Und könnte ich nicht doch etwas dazu beitragen, sie daran zu erinnern, a) dass sie göttliche Wesen sind und b) wie viel angenehmer es sich in himmlischen statt höllischen Bewusstseinszuständen lebt?

»Liebe Urkraft, da wir grad so schön verbunden sind, könntest du mir nicht eine Idee schicken, wie ich ganz persönlich Himmel und Hölle urteilsfrei verbinden kann. Und zwar so, dass jeder frei zwischen beiden wählen kann und sich auch dessen bewusst wird, was er da wählt. Also freiwillige touristische Trips in die Hölle statt angstvolles darin Gefangensein?!«

Als ich mich stur und wild entschlossen auf die Energie von Urkraft, Licht und Liebe konzentriert hatte, waren irgendwann alle negativen Gefühle und Ängste von mir abgefallen und mich hatte schlagartig eine total starke Freude und eine Stimmung zum laut Jubilieren erfasst. In dieser Jubilier-Stimmung hatte ich die Frage nach dem angstfreien Vereinen von Himmel und Hölle gestellt. Klar, dass in so einer Schwingung die Antwort sofort da war, bevor ich noch ganz die Frage im Kopf zu Ende gedacht hatte. Ich sah im Geiste einen neuartigen Freizeitpark vor mir: Zur Hälfte besteht er aus Dingen, die recht nah dran am Bewusstsein der Hölle sind (Achterbahn und Geisterbahn gleichzeitig) und zur anderen Hälfte aus himmlischen Bahnen: eine Romantik-Engelsbahn mit Düften, Entspannungsmusik etc. Die beiden Hälften sind deutlich voneinander getrennt und ganz unterschiedlich gestaltet, aber jeder kann frei hin und hergehen. Ich träumte mich durch zig Details dieses Parks, schlief am Schluss hervorragend und wachte am Morgen nach einem erneuten Traum auf. In diesem Traum erinnerten sich die verstorbenen Zombies, nachdem sie meinen Himmel-und-Hölle-Park besucht hatten, wie man in den Bewusstseinszustand Himmel geht, und sie hatten es auf einmal ganz leicht, in den Himmel hinüber zu gehen.

»Alles besteht aus universeller Urkraft und ich auch. Ich wähle hiermit den Bewusstseinszustand der totalen Verbundenheit mit der Urkraft, mit Licht und reiner Liebe.« Mit dieser Übung kann ich auch alleine um Mitternacht auf der Zugspitze meditieren.

Im Laufe der Zeit hat sich noch eine weitere Übungsmöglichkeit ergeben: Ich meditiere oder entspanne und sage mir in Gedanken Folgendes: »Ich stelle mir die göttliche Urkraft in meinem Herzen vor. Ich weiß aber auch, dass sie genauso im Herzen jeder einzelnen Körperzelle von mir wohnt. Das macht Billionen von kleinen Gottesbewusstseinseinheiten in meinem Körper, weil ich Billionen von Zellen habe. Ich konzentriere mich darauf, den göttlichen Funken in allen meinen Zellen wahrzunehmen. Ich bin ganz erfüllt von diesem Gefühl. Ich weiß, dass die Urkraft zusammen mit meinen Zellen für optimale Gesundheit sorgen kann.«

Beide Varianten fühlen sich hervorragend auf allen Ebenen an und sind das ideale Basisgefühl, um den Sog der Wunscherfüllung zu erzeugen. Denn beim Bestellen beim Universum ist es genau das Gleiche: Welches ist das Gefühl, das uns am meisten am »Bestellen beim Universum« hindert? Das Gefühl des Getrenntseins vom Ganzen. Je stärker ich mich als getrennt erlebe von allen anderen, von der Natur und vom universellen Geist, desto stärker blockiert ist mein inneres »Bestellfax nach oben«. »Die hören mich ja eh nicht«, ist mein Grundgefühl und erschafft entsprechend seine Realität. Oder, wie in meinem obigen Beispiel: »Die Zombies sind unter uns, ich bin ihnen ausgeliefert.« So etwas kann ich auch nur denken, wenn ich mich als getrennt von der Urkraft in mir erlebe.

Welches ist demnach das Gefühl, das jegliche Art des Bestellens, Manifestierens etc. am besten fördert? Das Gefühl von Verbundenheit und Einheit mit der universellen Intelligenz, mit der göttlichen Urkraft und mit überhaupt allem. Wenn ich auf der Seelenebene verbunden bin mit allen anderen Menschen, kann ich auch alle anderen mit einbeziehen, wenn ich meine Probleme auf positive Weise lösen möchte. Dann können mir die anderen auf der Seelenebene begegnen und antworten, auch ohne dass ich jeden laut vorher informiert habe, was ich brauche. Dann spürt die Seele meines zukünftigen Vermieters, dass ich schon nach ihr auf der Suche bin und dann schickt sie »Herrchen« vielleicht gleichzeitig mit mir in den Bioladen und wir kommen in der Schlange an der Kasse ins Gespräch. Zum Beispiel.

Wenn ich mich als verbunden mit der Natur und mit dem universellen Geist erlebe, wenn ich universellen Geist einatme und mein Sein ins Universum zurückatme bei jedem Ausatmen, ist nichts mehr seltsam daran, wenn dieses lebendige Ganze auf meine Anfragen genauso lebendig reagiert.

ZUSAMMENFASSUNG:

*Himmel und Hölle sind keine Orte, sondern Bewusstseinszu-
stände: Gefühle von Einheit und Verbundenheit mit dem
Ganzen, mit der Urkraft, stärken mich, Gefühle von Abge-
schnitten- oder Getrenntsein von der Quelle schwächen mich.*

Vom Nutzen negativer Gefühle

Mir gab dieses Erlebnis zu denken. Mit Angstgefühlen hatte es angefangen und mit einem kreativen Höhenflug hatte es geendet. Irgendwie war die Kraft der Angst zu einer Kraft an Ideen geworden. Am Schluss hatte ich wunderbar geschlafen. Hätte ich das Gefühl einfach verdrängt und versucht trotzdem zu schlafen, hätte ich mich am Morgen gefühlt, als hätte ich gesoffen. Das kenne ich schon. Negative Gefühle zu unterdrücken tut nicht gut. Aber offenbar lassen sie sich verwandeln.

In was könnte man wohl Angst noch verwandeln? Beim nächsten Mal versuchte ich möglichst genau zu fühlen, was für eine Kraft das eigentlich ist, die Kraft der Angst. Ich empfand sie als zerstörerisch und sehr kraftvoll. Hhhm, was könnte man mit so einer Kraft anfangen? Schließlich stellte ich mir vor, dass die Kraft der Angst sich in lauter kleine »Pacmen« verwandeln würde und dass diese durch meinen Körper rauschen würden und ihre ungeheure Zerstörungskraft an allen Ablagerungen und ungesunden Dingen in meinem Körper auslassen würden. Ich stellte mir vor, dass ich verjüngt und gestärkt daraus hervorgehen würde, wenn die in Pacmen verwandelte Angst fertig war. Ich konnte das eine ganze Zeit lang tun, bevor den Angst-Pacmen so ganz allmählich die Kraft ausging. Auf den Rest der Angst wendete ich die Übung Zu-Ende-Fühlen an und holte mir dann meine Gut-Fühl-Liste. Damit ging es mir wieder prima und ich ging gestärkt daraus hervor.

Ganz ähnlich kann man mit Wut, Gefühlen des Ausgestoßenseins, der Trauer und anderen umgehen. Je negativer ein Gefühl, desto mehr Kraft liegt auch in ihm. Wut und Aggressionen können ja ungeheuer kraftvoll sein. Warum das Mobiliar zerschlagen, wenn sich die Energie nützlicher einsetzen lässt? Wenn du gerade so viel Kraft zur Verfügung hast, dann überlege dir doch, was du mit dieser Kraft und Energie Nützliches anfangen könntest. Vielleicht schaffst du mit dieser Energie etwas, das du sonst nie schaffst? Gibt es etwas, das du gerne tätest, das du dich normalerweise aber nicht traust? Vielleicht ist der Moment der Wut geeignet, um beim Bürgermeister deines Wohnortes vorbeizurauschen und ihn zum Ausbau des Spielplatzes zu bewegen. Solange du nicht auf ihn wütend bist, wirst du auch kaum in Versuchung sein, ihm etwas an den Kopf zu werfen. Aber du kannst das Gefühl der Wut nutzen, um über deine sonstige Schüchternheit hinauszugehen. Niemand ist noch wirklich schüchtern, wenn er gerade total wütend ist. Nutz die Kraft, die in dem Gefühl steckt, und fang etwas damit an.

Eine der Schwierigkeiten für mich in diesem Buch liegt darin, dass es so wenig Pauschallösungen für irgendetwas gibt. Jedes Gefühl ist in jedem Augenblick anders und verlangt nach einer anderen Lösung. Mir fallen immer wieder nur Beispiele von mir ein, in der Hoffnung, dass sie deine Kreativität und Experimentierfreude anregen mit deinen Gefühlen auch in jedem Moment ganz offen und experimentierfreudig umzugehen.

Bei Trauerfällen, Verlusten und Katastrophen aller Art ist es immer wieder wichtig, die Gefühle nicht zu verdrängen, sondern zu nehmen, wie sie sind, und Trauer und Schmerz zu erleben. Sein können mit dem Schmerz ist das beste Heilmittel dagegen. Dann ist er irgendwann fertig und wird nicht zu einer latenten Langzeitbelastung. Gleichzeitig verstecken sich aber auch eine geheime Kraft und ein Geschenk in jeder Trauer. Und die kannst du nur selbst finden.

Mit den letzten beiden Kapiteln hoffe ich dir Ideen gegeben zu haben für den kreativen Umgang mit der Kraft, die in negativen Gefühlen steckt. Nutze die Kraft. Mach etwas mit ihr, wenn sie schon einmal da ist! Dann verwandelt sich jedes negative Gefühl am Schluss in ein Geschenk. Aber nur du kannst es selbst für dich finden.

Im nächsten Kapitel geht es um das Gegenteil. Nämlich darum, positive Gefühle zu nutzen, und ob du es glaubst oder nicht, das ist genauso schwierig und in der Gesellschaft genauso mit Restriktionen belegt.

ZUSAMMENFASSUNG:
Sein können mit dem Schmerz ist das beste Mittel dagegen.
Und: Jedes negative Gefühl beinhaltet eine starke Kraft. Nutze sie!
Angst kann kreativ machen, Wut gigantische Kräfte freisetzen. Du kannst Wut als Motor nutzen endlich etwas Bestimmtes zu tun. Finde die Kraft hinter den negativen Gefühlen und nutze und transformiere sie.
Jeder Konflikt, wenn du dich ihm stellst, kann ungeheure Geschenke enthalten und dich mit Siebenmeilenstiefeln nach vorne bringen.

Der hohe Nutzen von Kitsch und rosaroten Gefühlswolken

Kitsch und rosarote Gefühlswolken sind in der Gesellschaft, speziell in Deutschland, verpönt. Sie gelten als uncool, albern und überflüssig. Um die negativen Ereignisse machen wir viel Aufhebens, positiv berührende dagegen tun wir schnell als schnulzig ab. Doch wie gezeigt, ist das aus Sicht der Schöpferkraft genau falsch herum. Ein indischer spiritueller Lehrer (Swami Kaleshwar), der die wunderbarsten Wunder vollbringt, sagt, er könne das nur, weil er gelernt habe, sich von ganzem Herzen und mit Innigkeit an allem, was ist, zu freuen. Unser größter Fehler beim Manifestieren sei, dass wir diese wunderbaren Gefühle ablehnen und vermeiden. Wir sollten im Gegenteil, sobald jemand positiv berührt ist, hinrennen und möglichst intensiv mitgerührt sein, statt peinlich berührt wegzurennen. Peinlich berührt wegrennen sollten wir hingegen, sobald einer anfängt schlecht über andere zu sprechen oder zu jammern.

Sogar unsere Sexualität hat durch unsere generelle Coolness so viel an Gefühlstiefe verloren, dass die meisten Frauen, laut Umfragen, TV-Romanzen, Schokolade und Schaumbäder dem Sex vorziehen. Sex ist ein wichtiges Thema, denn es liegt ebenfalls sehr viel Schöpferkraft darin. Inzwischen schreiben immer mehr Autoren über

Formen von Sexualität, die die Gefühlstiefe und das Empfinden wieder aktivieren. »Sexuelle Liebe auf göttliche Weise« von Barry Long ist der Klassiker und schon ein wenig älter. »Peace between the sheets« von Marnia Robinson ist ein aktuelleres Buch aus den USA und Manfred und ich teilen unsere Erfahrungen mit dieser Art Sexualität in »Sex wie auf Wolke 7« mit, wie schon erwähnt. Es geht uns darum, der Sexualität die göttliche Energie und das Gefühl wieder zu geben, damit auch sie wieder die ihr innewohnende Schöpferkraft entfalten kann.

Erinnerst du dich an die Meisterfrage, woran man ein verfeinertes Ego erkennt? Wenn wir mehr und mehr ins Herz kommen und das Ego feiner wird, dann bekommen wir Freude am Lieben und Loben des Schönen. Wir öffnen plötzlich die Augen und erkennen vielleicht zum ersten Mal die Schönheit um uns: die Blumen, die Natur, die Menschen, die Dinge. Und wir sprechen es dann auch aus und loben und erkennen das Schöne mehr und mehr. Wir gehen dann mehr und mehr in die Dankbarkeit für unser Dasein und die positiven Möglichkeiten, die unser Leben uns bietet.

Positive Gefühle erweitern uns, sie lassen mehr Energie durch. Das kann eigentlich jeder fühlen sobald er einmal den Unterschied zwischen negativen und positiven Gefühlen bewusst vergleicht. Gefühle wie Angst, Zweifel, Coolness etc. schneiden uns von der Energie ab: Jeder Sieg des Zweifels und der Coolness schneidet uns somit wieder ein Stückchen ab von unserer Urkraft. Und nur das Universum um Hilfe zu bitten reicht nicht, weil wir das Universum selber sind. Wir haben die Kraft, selbst etwas beizutragen, und vorhandene Kräfte wollen auch genutzt

sein. Jeder kann selbst Energien lenken, formen und aktivieren, indem er die Liebe in sich kultiviert!

ZUSAMMENFASSUNG:
*Jeder hat die Energie der Heilung in sich, wir müssen sie
nur erwecken. Und das geht mit Kitsch und Kuschelgefühlen,
Liebe und Dankbarkeit wesentlich besser als mit Coolness.
Mit Coolness geht es sogar gar nicht. Coolness killt unsere
Schöpferkraft.*

Dürfen und Müssen

Weil wir Kinder haben (Zwillinge), haben wir uns viel mit dem Thema Erziehung beschäftigen dürfen (und tun es sicher zwangsläufig auch weiterhin). Eine liebe Freundin von uns meinte einmal sehr treffend, das mit der Erziehung sei sowieso alles überflüssig, die Kinder würden später ja doch immer das machen, was die Eltern ihnen vorgelebt haben.

Als spät berufene Eltern um die 40 hatten wir das Glück, ein sehr gutes Au-Pair-Mädchen zu bekommen, und als die Kinder noch sehr klein waren, haben wir uns von ihr so manches abgeguckt. Und, um zum Thema zu kommen, wir haben auch die Erziehungsmethoden unserer Eltern relativiert. Es wird manches klarer, wenn man mal selber die Elternrolle übernehmen darf. Nachdem wir lange Zeit versucht haben, alles perfekt zu machen und den Kindern, so weit es geht, alles zu ermöglichen, haben wir irgendwann vor lauter Energielosigkeit auch anfangen müssen, Grenzen zu setzen und Nein zu sagen. Zwillinge sind eben so eine Sache, auch mit Au-Pair, aber ohne Oma als Ersatzmama, denn die wohnen beide zu weit entfernt. Kinder brauchen Grenzen, sie fordern geradezu das »Nein« der Erwachsenen, und auch die festen Regeln. Dabei braucht es aber auch die Ausgewogenheit, auf ein Nein sollten etwa drei Ja folgen (das meint zumindest die spirituelle Lehrerin Waliha Cometti). Denn, ganz wichtig: Bekommt ein Kind zu viel verboten, dann wird das Nein, eben das »Nicht-Dürfen«, eine Unfreude, und damit wächst das Kind möglicherweise zu sehr in dieser unfreudigen Energie auf. Die Begeisterung des Kindes wird dann zu sehr gebremst und möglicherweise wird so ein Kind dann ein wenig still und vorsichtig, es traut sich vielleicht so manches gar nicht mehr, weil es ja doch verboten wird. Es kann sein, dass so ein Kind trotzig wird und eben auch hiermit bekräftigt: Gut, ihr lasst mich nicht, dann will ich eben selbst nicht mehr! Und das ist sicher auch nicht besser.

Klar, wir Eltern wollen doch nur das Beste. »Unser Kind soll es mal besser haben«, so oder ähnlich denken sicher viele. Und so versuchen wir zu erziehen und zu steuern, da wir ja zu wissen glauben, was richtig für unsere Kinder ist. Manchmal wollen wir aber etwas, das nur unsere eigenen Träume verwirklichen soll und übergehen die Fähigkeiten des Kindes dabei völlig. Manchmal ist unser Ehrgeiz zu groß und wir überfordern unser Kind. Manchmal zeigen wir unserem Kind: Wenn du so bist, hab ich dich lieb, wenn du anders bist, hab ich dich nicht lieb. Allein über das Gefühl wird unser Kind sehr gesteuert, und die hohe Kunst ist es zu spüren, was unser Kind braucht, und ihm gefühlvolle Grenzen zu setzen. Michelangelo hat mal gesagt, die Skulptur sei einfach zu behauen gewesen, er habe nur den überflüssigen Stein beseitigen müssen. So sollten wir auch die Kinder erziehen, im Bewusstsein, dass sie im höchsten Potenzial auf die Welt kommen und wir nur unterstützen sollen, was schon da ist. Dazu kann man beispielsweise eine Potenzialsonne für jedes Kind anfertigen. Auf eine tellergroße Scheibe in der Mitte wird ein schönes Foto vom Kind geklebt. Und an der Rückseite der Scheibe werden ganz viele Sonnenstrahlen befestigt, auf denen dann Eltern, Freunde, Verwandte, Lehrer etc. die Potenziale des Kindes aufschreiben. Das können Eigenschaften, Fähigkeiten, Talente und persönliche Stärken sein. Und das hängt man dann im Kinderzimmer auf und wirft gelegentlich einen Blick darauf mit der Frage: »Welche gute Eigenschaft meines Kindes könnte ich heute besonders stärken? Wie könnte ich ihm das Gefühl geben wunderbar zu sein, genauso wie es jetzt bereits ist?«

Unsere Nachbarin hat ein sechsjähriges Kind und stöhnt darüber, dass schon in der Grundschule zwei Stunden Hausaufgaben zu machen sind. Der Druck schon auf Kleinkinder wird seit der schlechten Pisa-Studie immer größer. Wo bleibt da noch die freie Entwicklungsmöglichkeit, wo die Freude am Lernen, wenn so viel gebüffelt werden muss?

Bärbel befasst sich viel damit und hat daher auch viele Tipps für Eltern auf ihrer Kinderbuchseite und im Seminarbereich. Wehret den Anfängen, ist ihr Motto. Denn wenn die Kinder glücklich sein dürfen, sind sie auch als Erwachsene weniger frustriert. Kinder müssen in unserer Gesellschaft so viel Unnützes und dürfen so wenig, was wirklich ihre Seele nährt. Denn dass sie mit dem Handy herumtelefonieren, viele Süßigkeiten essen und ganz viel fernsehen dürfen sind keine besonders hochwertigen Dinge. Wenn Kinder aber so viel müssen, also anders formuliert, so wenig dürfen, dann setzt sich das im Gefühl fest. Alle sagen: Du musst ein gutes Zeugnis haben, um eine gute Stelle zu bekommen. Du musst viel leisten, um gutes Geld zu verdienen. Du musst zur Arbeit, auch wenn du krank bist, bei vielen Millionen Arbeitslosen verlierst du sonst deinen Job usw. So viel »müssen«. Erst die Arbeit, dann das Vergnügen.

Sehr heilsam kann es sein, Urlaub in einem Land zu machen, in dem nicht jeder in die Schule geht und in dem fast alle arm sind. Brasilien auf dem Lande beispielsweise. Dort nehmen Menschen sich als Menschen wahr. Jeder wird respektiert und wertgeschätzt, einfach nur, weil er ein Mensch ist. Status ist uninteressant, wenn niemand im ganzen Dorf über welchen verfügt. Leistung, viele Dinge zu müssen und Stress verschwinden völlig, wenn eh keiner Zugang zu den ganzen »Muss-Dingen« hat. Das kann richtig erholsam sein. Nicht, dass ich auf Dauer in dieser Armut leben möchte. Aber ich fände es heilsam, wenn wir alle uns ein bisschen an dieses Lebensgefühl erinnern würden.

Teilweise findet man es sogar noch ganz in der Nähe, in den neuen Bundesländern in Deutschland. Dort hatten jahrelang auch die meisten gleich wenig Geld, Status und Möglichkeiten überhaupt. Da ist es auch noch nicht so verbreitet, so viel »zu müssen«, nur um bei irgendeinem Leistungswahn mithalten zu können. Man ist dort als Mensch auch wertvoll, wenn man am allgemeinen »Müssen« nicht teilnimmt!

Wenn nun aber schon unsere Eltern, wir selbst und unsere Kinder in der Grundschwingung »müssen« großgeworden sind, dann ist das »Dürfen« meilenweit entfernt von uns. Die Grundschwingung »müssen« heißt auch: Ich darf erst, wenn ich das und jenes geleistet habe. Wir kommen als »ich darf« auf die Welt, und werden ganz schnell zu einem »ich darf nicht, denn ich muss«. Die Grundenergie eines Kindes ist Freude und Begeisterung und sie verwandelt sich nur allzu rasch in Unfreude. Das schauen wir uns jetzt mal im »Gefühlsmodus« an. Angenommen, ich habe einen stressigen Job und »muss« 12 Stunden am Tag arbeiten und auch am Wochenende »darf« ich nicht. Ich »muss« den ganzen Tag und »darf« höchstens dann am Sonntag mal die Füße hochlegen. Wie ist die Energie? Unfreude, denn »ich muss«. Kann ich erwarten, dass etwas, das ich in Unfreude tue, bei meinem Chef oder meinem Auftraggeber auf Freude stößt? Nein, denn das würde dem Resonanzgesetz entgegenstehen. In der Regel mache ich die Arbeit ausgepumpt und urlaubsreif und eben in Unfreude und werde beim Chef auch Unfreude ernten. Wie ungerecht!! Aber in der Welt des Gefühls gibt mir mein Chef doch nur, was ohnehin schon da ist: Unfreude! Er verstärkt es netterweise nur, damit ich es irgendwann mal merke.

Vielleicht werden deshalb auch nicht die Mitarbeiter befördert, die sich die Überstunden um die Ohren hauen, sondern diejenigen, die es scheinbar nicht verdient haben. Vielleicht haben die einfach das bessere Grundgefühl von Freude? Wer weiß? Auf der Ebene des Gefühles gelten logische Gesetze, wenn man sie erst einmal kennt.

Was ist also zu tun? Es geht vor allem darum, mir mein »Ich darf« zu erlauben, um in einer besseren, freudigeren Grundschwingung zu sein. Dann klappen nicht nur die Bestellungen besser, nein, dann sollte auch die berufliche Anerkennung nicht lange auf sich warten lassen. Im Bereich Beziehungen heißt es sinngemäß, mir auch mein »Ich darf« zu erlauben, zum Beispiel darf ich auch mal allein in Urlaub fahren, ich darf mich mal mit Freunden treffen, ich darf auch mal nehmen, statt immer nur zu geben usw. »Ich darf« kann bedeuten, dass ich auch in der Partnerschaft mal meine Meinung sage, auch mal sauer sein darf, ich darf anders sein, als mein Partner es gern hätte, und ich darf vor allem auf meine Freude hören: Was möchte sie gerade?

Und das zeigt sich dann in allen Bereichen des Lebens: Ich darf eine eigene Meinung haben. Ich darf mir meinen Arzt aussuchen und mir meine eigene Meinung über Krankheit bilden, statt dem Gott in Weiß blind zu vertrauen. Ich darf ganz anders wohnen als alle anderen, essen, was ich will, trinken, was ich will, und Urlaub machen, wie ich will. Auch wenn es keiner sonst versteht. Ich darf.

Abschließend noch ein Wort zum Thema antiautoritäre Erziehung: Wenn ein Kind alles darf und kein »ich darf nicht« kennt, ist das Problem nur scheinbar gelöst. Denn es stellen sich bekanntermaßen andere und schwerwiegendere Probleme ein. Deshalb ist die antiautoritäre Erziehung auch fast ganz in der Versenkung verschwunden. Aus Sicht des Gefühles entsteht bei zu wenig »nein« und »ich darf nicht« im Kind nie der Wunsch danach, das zu dürfen, was es nicht darf. Nicht-Dürfen formt damit den Charakter und die Persönlichkeit. Mangel erzeugt Nachfrage, sagt die Marktwirtschaft, und so läuft es auch in unserem Inneren. Wenn ein Kind alles darf, hat es nur wenig Orientierung in der Welt, entwickelt keine Sehnsucht, ist zwar irgendwie wunschlos, aber eben nicht glücklich.

ZUSAMMENFASSUNG:

Kinder brauchen Grenzen. Wenn Kinder aber zu wenig dürfen, dann setzt sich das auch im Gefühl fest. Diese Prägung bleibt ihnen dann bis ins Erwachsenenalter treu. An die Stelle des kindlichen »etwas mit Freude zu dürfen« tritt das »Müssen«: Du musst ein gutes Zeugnis haben, du musst viel leisten, um viel Geld zu verdienen usw.

Wenn ich aber immer »muss«, wie ist dann mein Gefühl? Unfreudig! Kann aber etwas, das ich im Grundton der Unfreude tue, bei meinem Chef auf Freude stoßen? Nein, denn das würde dem Resonanzprinzip entgegenstehen. Also gibt mir mein ungerechter Chef doch nur, was ohnehin schon da ist: Unfreude. Was auch sonst?

Neue Unternehmen im neuen Gefühlszeitalter

Wenn die Menschen beginnen, und wir sind ja schon mitten dabei, sich selbst und ihre Gefühle stärker wahrzunehmen, werden sie nicht nur privat beginnen andere Entscheidungen zu treffen, sondern auch beruflich.

Zwei verschiedene Szenarien. Stell sie dir im Geiste vor und achte darauf, wie du dich dabei fühlst:
Familie Habermeier hat sich ein neues Haus gebaut. Herr und Frau Habermeier verdienen gut und sie haben einen hohen Kredit bekommen. Das Haus ist vom Feinsten. Seinen Job darf nun allerdings keiner von beiden mehr verlieren. Auch unlustig werden und nur noch halbtags arbeiten darf keiner, sonst können sie den Kredit nicht mehr abzahlen. Sicher, das Haus ist formidabel, aber die Habermeiers sind eigentlich selten zu Hause, denn meistens sind sie in der Arbeit.
Familie Hubermüller hat sich ein neues Haus gebaut. Herr und Frau Hubermüller verdienen gut und sie haben gar keinen Kredit genommen. Das Haus ist klein und fein, aber schuldenfrei. Ihren Job könnten beide verlieren. Die Hausnebenkosten könnten sie allemal auch mit einfachen Arbeiterjobs bezahlen. Auch unlustig werden und nur noch halbtags arbeiten könnten beide problem-

los, denn sie müssen ja keinen Kredit abzahlen. Sicher, das Haus ist nicht sehr formidabel, aber die Hubermüllers sind eigentlich selten zu Hause, denn sie befinden sich häufig in Urlaub und auf Weltreise mit dem vielen Geld, das sie stets übrig haben.

Und? Was hast du gefühlt? Ich kann dir sagen, was ich fühle, und du kannst es vergleichen. Du hast sicher andere Gefühle als ich, aber es ist spannend sich auszutauschen, wer was fühlt. Das formidable Haus mit Kredithöhe am Anschlag des Es-sich-gerade-noch-leisten-Können verursacht mir ein Gefühl von oberflächlicher Geltungsdrangbefriedigung und dem Wunsch mithalten zu können. Aber gleichzeitig fühle ich mich bei diesem Szenario stark unter Druck und frustriert. Ich habe das Gefühl über mein Leben in den nächsten 30 Jahren nicht mehr nachdenken zu dürfen. Es muss alles so bleiben, wie es ist, denn ich bin ein Sklave des Krediets.

Das kleine Haus ganz ohne Kredit gibt mir ein Gefühl von Leichtigkeit, Freiheit und wirklichem Luxus. Wenn ich Luxus brauche, kann ich ins teuerste Hotel der Welt gehen, bis ich es gründlich satt habe, und ich brauche immer noch keinen Überziehungskredit deswegen. Ich bin frei, ständig neu in mich hineinzufühlen, wohin im Leben es mich als Nächstes zieht. Alles ist offen und möglich, denn ich bin unabhängig.

Das ist die Zukunft. Bisher haben wir das System nicht in Frage gestellt. Wir dachten, es müsse so sein, dass man teure Büromöbel in teure Geschäftsräume stellt und hohe Kreditzinsen dafür zahlt. Sonst kommt doch der Kunde nicht. Wir haben ignoriert, ob wir uns dabei unter Druck fühlen oder nicht. Das war schließlich normal so. Aber nun bildet selbst die verflixte Motorradzeitschrift nicht mehr den wunderbar glänzenden Metalliclack auf der Maschine im Großformat ab und schreibt die PS-Zahl in die Titelzeile, sondern das blöde Heft zeigt uns das Gefühl von Freiheit, Unabhängigkeit und Weite in wundervollen Naturaufnahmen. Wovon soll ich da noch mein Interesse am Status nähren? Da geht doch alles dahin.

Fühlen will ich, und zwar mich selbst.

Wenn das auf Firmenebene passiert, ist es vorbei mit teuren Möbeln in teuren Haupteinkaufsstraßen. Zumindest so lange, bis ich mir genau das kredit- und stressfrei leisten kann. Vorher kampiere ich im Bauwagen am Waldrand und habe Spaß an unkonventionellen Kunden mit dem gewissen kreativen Kick im Blick. Je mehr ich mich selbst fühlen kann, desto mehr wächst das Bedürfnis, mich gut zu fühlen. Und dieses Gutfühlen schließt frei sein, unabhängig sein und auch frei von Stress, Druck und »Mehr Schein als Sein«-Gefühlen mit ein.

Muhammad Yunus, der Gründer der Grameen-Bank für Arme in Bangladesh und seit 2005 Inhaber des Friedensnobelpreises (ich habe an anderer Stelle schon über ihn berichtet. Wer es nicht gelesen hat findet einen Bericht in meinem kostenlosen Online-Magazin unter www.baerbelmohr.de im Internet) hat eine Rückzahlungsquote von 98 Prozent in normalen Zeiten und bei Flut immer noch 89 Prozent. Die dortige Industriebank hat eine Rückzahlungsquote von 10 Prozent. Yunus hatte im Jahr 2000 bereits einen Jahresumsatz von einer halben Milliarde US-Dollar pro Jahr. Sein Erfolgsrezept? Er hat sich angeschaut, was normale Banken machen, und hat in allen Punkten das Gegenteil gemacht!

Das machen immer mehr Unternehmer. Da schleicht sich ein neuer Geist ein. Diese Unternehmer wollen sich einfach gut fühlen und sie wollen sorglos schlafen. Das ist wichtiger als hohes Ansehen und hoher Status und alle Wirtschaftsregeln. Man kann irgendwann nicht mehr anders, wenn man beginnt, sich selbst mehr und mehr zu fühlen. Es kommt der Tag, da interessiert einfach das Wohlfühlgefühl mehr als der Umsatz um jeden Preis.

Und dann passiert etwas Ulkiges; ein kreativer Handwerksmeister und Schafkopf-Kumpel von uns aus dem Nachbarort berichtet: »Es war komisch. Irgendwann hatte ich einfach keine Lust mehr auf Kunden, die nur Stress machen und dann die Rechnungen ewig nicht bezahlen. Irgendwie habe ich die immer öfter schon aus der Ferne erkannt. Frag mich nicht wieso, aber die strahlen was aus. Ich weiß es immer schon vorher. Da hab ich doch keine Lust mehr drauf. Wozu, frag ich dich. Ich leb doch nur einmal und mehr als einmal Butter auf jedes Brot schmieren kann ich auch nicht, ich hab doch alles. Ich sag denen jetzt immer gleich ab. Keine Zeit, tut mir leid, bin ausgebucht. Naja, und dann ist was Komisches passiert. Auf einmal sind sie von alleine weggeblieben und andere sind gekommen. So als hätte es sich in einer Art Seelenfamilie rumgesprochen, dass ich einer bin, der nicht mehr nur fürs Geld arbeitet, sondern dass es Freude auch noch machen muss. Auf einmal bleibt sogar mehr übrig als vorher. Ich versteh es zwar nicht ganz genau, was da passiert ist, aber gut ist es.«

Soweit ein Statement aus dem bayrischen Hinterland.

Ähnliche Berichte liegen mir aus Berlin, Frankfurt und Zürich vor. Es genügt dem neuen Gefühlsmenschen nicht mehr, nur fürs Geld zu arbeiten. Und es werden immer mehr. Und sie machen am liebsten Geschäfte mit denen, die genauso denken. Und weil es immer mehr werden, kann der Umsatz dabei sogar noch steigen.

ZUSAMMENFASSUNG:

Wer sich selbst mehr fühlt, ändert seinen Anspruch. Plötzlich möchte so jemand auch in der Arbeit ein gutes Gefühl haben und das wird Stück für Stück wichtiger als Umsatz, Status und der schöne Schein.

Und dann passiert vielerorts etwas Erstaunliches: Statt dass der Umsatz sinkt bei dieser inneren Haltung, steigt er bei vielen sogar. Denn es gibt immer mehr Menschen, denen das gute Gefühl bei der Arbeit wichtig ist und die nur noch mit solchen Menschen arbeiten möchten, die ähnlich denken!

Die Letzten werden
die Ersten sein

Vielleicht sagst du nun, du willst Karriere total und ganz nach oben. So bist du nun mal. Oder es geht dir gar nicht mal um Karriere, sondern du bist es einfach leid, dich immer wie der oder die Letzte zu fühlen. Du möchtest dich auch mal ganz groß fühlen und so wie der/die Erste. Oder du möchtest deine edelsten Charakterseiten ganz leben und dabei quasi der Erste sein. Gibt es einen Trick auf der Gefühlsebene dazu? Ja! Und er lautet: Die Letzten werden die Ersten sein.

Von allem, was ich sein will, muss ich das Gegenteil erfahren haben, um es wirklich sein zu können. Ich habe kein Gefühl für »leise« in Perfektion, wenn mir die Erfahrung »laut« fehlt. Meine Wertschätzung für das Gefühl von Verbundenheit mit anderen ist nur halb so groß, wenn ich im Leben nie alleine war. Die Ruhe des Landlebens kann ich doppelt so gut schätzen, wenn ich lange in einer lauten Stadt gelebt habe. Es kann auch umgekehrt sein, dass mich die Ruhe auf dem Land erdrückt und ich das Gewusel in der Stadt deswegen genieße. So oder so wird jedes Gefühl intensiver, wenn ich auch das Gegenteil davon kenne.

Und genauso fällt es mir leichter der Erste zu sein, wenn ich auch das Gefühl der Letzte zu sein kenne und mich trotzdem selbst so akzeptieren kann, wie ich bin. Ich werde wahrscheinlich sogar schon bald anfangen zu taumeln auf meinem Gipfel, wenn ich nicht auch der Letzte sein kann. Warum? Stell dir einen Menschen mit Minderwertigkeitskomplexen vor, der panisch reagiert auf Ablehnung und das Gefühl, nicht mithalten zu können. Dieser Mensch wird nun Popstar. Ich (Bärbel) habe eine Zeit lang in meiner Jugend in diesem Business als Fotoassistentin gearbeitet und habe da noch so einige im Kopf, aber das gibt es in jeder Branche. Der frisch gebackene Star flippt nun natürlich aus vor Begeisterung. Endlich bekommt er all die Aufmerksamkeit und »Huldigungen«, die er sich immer gewünscht hat. Aber er ist auch panisch. Das darf nie aufhören, bloß ja nie wieder so tief abstürzen wie vorher.

Nun wissen wir alle, wie lange heute die meisten Nummer-1-Hits halten, nämlich gar nicht lange. Die Karriere geht maximal fünf Jahre gut, dann kräht kein Hahn mehr nach unserer Pop-Eintagsfliege. Und mehr als einer davon hat hinterher Selbstmord begangen. So jemand trifft in seiner Angst vor dem Absturz auch ständig Fehlentscheidungen, denn unter Angsteinfluss funktioniert die Intuition nicht mehr. Siehe moderne Gehirnforschung.[*] So jemand geht im Zweifel auch auf schlechte, unfaire und unsaubere Angebote ein, um nur ja nicht wieder weg vom Fenster der Berühmtheit zu sein. Nun gibt es auch im Showbusiness alle Sorten von Menschen. Es gibt Stars,

---

[*] Bücher des Ulmer Professors Spitzer oder auch das Buch »Warum ich fühle, was du fühlst« von Joachim Bauer, einem Freiburger Professor zum Thema Spiegelneuronen und »Intelligente Zellen« von Bruce Lipton.

die lassen sich nicht verbiegen. Entweder die Dinge laufen so, wie sie es für richtig halten, oder eben gar nicht. Ungerührt zuckt so jemand bei schlechten Verträgen und Angeboten die Schultern und sagt: »Dann eben nicht. Es war auch zu Hause auf meinem Bauernhof schön. Wir können schon weiter zusammenarbeiten, aber nur zu fairen Konditionen.«

Der Unterschied wird schon beim Lesen spürbar. Der eine kann sich auch ganz unten am Rande des gesellschaftlichen Status gemütlich einrichten und der andere kann es nicht.

Darum: Je mehr du in das Gefühl gehen kannst, der/die Letzte zu sein, je mehr du es ganz durchleben kannst, bis du wieder bei der Freude ankommst, desto sicherer stehst du auch am Gipfel, wenn du ihn erklimmst. Du kennst sicher auch den Spruch: »Und ist der Ruf erst ruiniert, lebt sich's frei und ungeniert.« Dabei darf man natürlich nicht in dem Gefühl sich zu grämen hängen bleiben, sondern man muss es wie immer zu Ende erleben, damit es stattdessen als neuer Nährboden der Kraft und Erfahrung dienen kann.

Ganz ähnlich geht es Menschen, die jahrelang am Rande des Ruins um den Erhalt ihres Geschäftes kämpfen in Panik vor dem Bankrott. Und ist er dann endlich da und sie haben am Schluss alles hinter sich und nur noch wenig irdische Güter übrig, ist es für viele eine Erleichterung.

In manchen Ländern sind ehemalige Pleitiers, sofern sie das nicht ständig wiederholt haben und noch jung genug sind, gern genommene Geschäftsführer. Warum? Sie sind um eine Erfahrung reicher. Sie kennen das Gefühl ganz unten zu sein und dies gibt ihnen Ruhe und Gelassenheit.

Diese Ruhe und Gelassenheit verleihen eine wertvolle Stabilität und eine gute Intuition im zweiten Anlauf. Diesmal wissen sie, worauf es ankommt.

Natürlich gibt es auch Menschen, die nie etwas dazu lernen. Aber schau sie dir an, vielleicht haben sie die Pleite im Gefühl nie ganz angenommen und kämpfen noch mit ihr und verdrängen ihre eigenen Fehler dabei. Dann kann nur eins passieren: Sie werden den Fehler und die Pleite wiederholen. Stark sind nur die, die ganz durchgegangen sind durch das Gefühl.

Wenn du daher der Erste bei irgendetwas sein möchtest, dann renne nicht davon vor jeder Erfahrung, der Letzte zu sein, sondern koste es aus, der Letzte zu sein. Koste es aus und liebe dich selbst auch in diesem Zustand. Verfahre nach unserer Rollrasen-Übung zum Gefühl: Brust raus, Herz auf und ganz mit dem Gefühl sein und aus der Beobachterrolle heraus mit dem Gefühl sprechen: »Hallo Gefühl, wer bist du? Zeig dich. Du darfst sein, ich nehme dich an.« Auch beim »das Letzte sein« tut sich irgendwann der Himmel hinter den Wolken der angstvollen Gefühle wieder auf, wenn man sie zu Ende fühlt. Und der Himmel hier sind ruhige Gelassenheit und Selbstliebe, auch wenn man gerade der Letzte ist. Stell dir vor, du beginnst mit diesem Gefühl den Aufstieg und landest schließlich auf dem Gipfel. Egal auf welchem Gipfel. Und stell dir vor, es kommt dir einer auf die krumme Tour. Mit dem Hintergrund von ruhiger Gelassenheit und Selbstliebe und einem sicheren Platz am Boden hast du die Ruhe weg. Du weißt, du kannst jederzeit an den Boden zurück und es ist auch gut dort. Und weil es dort auch gut ist und es nichts zu fürchten gibt, kannst du genauso gut oben bleiben und geruhsam zuschauen, wie der Reihe nach alle die wegkippen, die sich panisch am Gipfel festklammern, weil sie Angst vor dem Absturz haben.

Bei den meisten Lebensfreude-Seminaren haben wir einen Gasttrainer, den schon erwähnten Dieter M. Hörner. Er ist seit über 20 Jahren Trainer und macht zwei Stunden Überraschungsprogramm bei uns (bei Manfred und mir). Als er noch sehr jung war, hatte er eine Zeit, in der er 100 Millionen sFr Umsatz gemacht hat. Das kam sehr schnell und sehr überraschend. Er kannte noch nicht das Gefühl der Letzte zu sein. Er wurde panisch, ob er noch alles geregelt bekäme, traf prompt wieder und wieder die falschen Entscheidungen und rannte komplett in den Bankrott. Von so weit oben, erstaunlich oder?

Er war weit unten danach. Und stand wieder auf und marschierte wieder Richtung Gipfel, wo er sicher wieder angekommen ist. Er ist ein bisschen der Typ wilder Motorrad-Rocker und manche Teilnehmer staunen, wenn sie ihn zum ersten Mal sehen. Aber sobald er ein paar Minuten gesprochen hat, spüren sie die Kraft der gelebten Erfahrung und es ist gigantisch, was Menschen ihm alles anvertrauen. Sie spüren diese Kraft und Ruhe und trauen prompt sich selbst auch mehr zu, wenn sie ihn erleben.

Vielleicht möchtest du keine Karriere machen, sondern nur als Mensch sein wie ein geschliffener Diamant. Auch dann brauchst du zunächst die Erfahrung des Gegenteils und wie es sich anfühlt. Manfred hat sich dazu dem Lehrgang »mir ist nichts peinlich« verpflichtet. Hier sein Bericht: Weil die Vorstellung »der Letzte zu sein« für mich durchaus schwierig ist, ich den Nutzen aber eingesehen habe, habe ich mit mir selbst eine Vereinbarung getroffen: Die »mir ist nichts peinlich«-Vereinbarung! Der Ehrlichkeit halber muss ich aber gestehen, es war nicht meine Idee, sondern dieser »Lehrgang ins innere Kind« stammt von einem lieben Freund, Eyk. Der Lehrgang ist sehr einfach und geht so: Wann immer ich im Leben vor der Aufgabe stehe, etwas tun zu dürfen oder gar zu müssen, was eher unangenehm aussieht, sage ich mir selbst: Mir ist nichts peinlich! Und tue es einfach. Das wird irgendwann zur Gewohnheit. Das kann ein Vortrag sein, ein Auftritt auf einer Bühne, schrille Klamotten, und und und. Ich erinnere mich sehr lebhaft an meinen Auftritt im Ashram von Sri Bala Sai Baba (nicht zu verwechseln mit dem bekannteren Sri Sathya Sai Baba), als der Guru nach Unterhaltung verlangte und alle Leute nur schamhaft auf die Seite blickten. Da ich natürlich, meinem Lehrgang verpflichtet, freundlich lächelnd um mich guckte, wurde ich zum »Schlangentanz« mit zwei indischen Schönheiten eingeladen, selbstverständlich ungeprobt (und natürlich mit einer Stoffschlange). Ich bin seitdem als »Mr. Snake« in den Chroniken des Ashrams bekannt und der Guru fand es köstlich.

Nach dem gerade genannten Lehrgang »mir ist nichts peinlich« habe ich mich immer wieder damit konfrontiert, der »Letzte« zu sein, also der Dümmste, Blödeste und der, der sich für jeden Unfug hergibt. Andere durften dabei nach Herzenslust über mich lachen. Ich erlebe in diesem Selbstexperiment immer mal wieder die Empfindung herabgesetzt, verlacht und als Letztes bewertet zu werden. Ich setze mich damit auch der Bewertung meines eigenen zuschauenden Ego aus und mein Ego findet es natürlich unerträglich. Scham und Schande sind die Empfindungen. Aber jedes Mal spüre ich unten drunter hervorwachsend noch eine ganz andere Kraft. Denn je besser ich mein Ego klein machen kann, umso mehr wage ich mich auch in das Gegenteil. Der Gefühlskörper ist auch ein Gegenteilskörper und je mehr ich »meine Schande« auf die Erde bringen kann, umso mehr kann sich auch mein Erfolg manifestieren. Glaubt ihr nicht? Versucht es! Es ist ein offener Kursus und alle dürfen mitmachen. Es muss ja nicht gleich ein Auftritt als Mann im »kleinen Schwarzen« mit Tanzeinlage auf dem Tisch sein, wie es unser Freund Paulus unlängst vor 50 Leuten zelebrierte. Hut ab, Paulus!

ZUSAMMENFASSUNG:
Darum werden die Letzten die Ersten sein,
weil sie nichts zu fürchten haben,
weil sie stabiler sind,
weil sie eine größere Wertschätzung für das Gefühl des Ersten haben,
weil sie gelassener sind und
weil sie sich angstfrei auf ihre Intuition verlassen können!

Mehr physische
Gesundheit herbeifühlen

Wusstest du, dass man in spirituellen Kreisen nicht mehr »Gesundheit« sagt, wenn einer niest? Das ist out, weil es automatisch das Gefühl auslöst, Gesundheit wäre das, was einem gerade fehlt. Wenn einer häufiger niest und ständig zu hören bekommt »Gesundheit, Gesundheit, nun werd doch endlich gesund«, dann ist das zwar höflich, aber emotional nicht optimal erfreulich. Jedenfalls heißt die neue Parole »Bleib gesund!«, weil es sich besser anfühlt. Hatschi und sofort kommt ein »Bleib gesund!« Probier es aus. Für mich zumindest ist das Gefühl ebenfalls besser und ich programmiere mich gerade um, ebenfalls »Bleib gesund« zu sagen, wenn wo einer einen heftigen Nieser abgibt.

Gesundheit hat viel mit dem Grundlebensgefühl zu tun. Und nach Meinung neuer Heiler darf es langsam auch immer leichter werden sie zu erlangen. Noch vor ein paar Jahrzehnten befanden wir uns tief im Bewusstseinswinterschlaf und einem Grundlebensgefühl von viel Schwere. Aber nun ist Frühlingserwachen und mehr und mehr Schmetterlinge und Leichtigkeit tun sich auch im Gefühlsleben auf. Im Frühling noch mit einem Eispickel herumzulaufen und sich mit Seelenstriptease-Therapien zu foltern, ist daher nicht mehr passend. Sanfte Therapien, die das Wiederentdecken der Schönheit in uns fördern, statt ewig in alten Komplexen zu wühlen, werden heute immer sinnvoller. Das bedeutet keineswegs, unsere Schattenseiten auszuschließen, sondern es bedeutet ganz im Gegenteil auch sie anzuerkennen und liebevoll wieder mit einzuschließen, statt sie zu verdrängen, weil man Angst vor dem drohenden Zeigefinger hat: »Pfui, was bist du böse, man darf doch nur Gutes in sich haben …«

Als Mensch habe ich natürlicherweise Schattenseiten und es ist sinnvoll diese anzuerkennen, weil sie sich ansonsten mit unkontrollierten Ausbrüchen Geltung verschaffen. Das ist ganz genau das Gleiche wie bei verdrängten Gefühlen. Je mehr ich mir meiner selbst in allen Facetten bewusst bin, desto freier bin ich in meiner Wahl, wer ich sein möchte. Nur wenn ich weiß, dass Dummheit in mir ist, kann ich der Weisheit den Vorzug geben. Um das zu tun, brauche ich aber sicherlich keine Schuldgefühle wegen dieser Schattenseiten und ich brauche auch keinen drohenden Zeigefinger und keine Hammermethoden, um es endlich einzusehen. Nett zu sich selber zu sein ist nicht nur erlaubt, sondern ein sinnvolles Heilungskonzept!

Das erinnert mich übrigens an das Buch von Thomas Klüh (»Mein Weg zum Glück«, www.thomasklueh.de), das ich gerade gelesen habe. Thomas beschreibt, dass der Mensch drei Glückszentren im Gehirn hat: ein Zentrum für Verbundenheitsgefühle, eins für Genuss und eins für Lust (Lust auf etwas, Lust etwas zu tun). Das erklärt, warum unsere Seminare (die von Thomas und die von mir), die eigentlich der Intuitionsstärkung, der bewussten Realitätsgestaltung und dem öfter Glücklichsein dienen, ganz nebenbei noch die Gesundheit zu stabilisieren scheinen. Dieses Feedback habe ich zumindest schon öfter von Wiederholern bekommen. Je mehr sie Verbundenheit, Genuss, Freude und Lust am Leben verspüren, desto gesünder werden sie.

Auch das zeigt, wie sehr emotionale und körperliche Gesundheit zusammengehören, und dass es beim Gesundwerden und -bleiben um Selbsterfahrungsprozesse und die Erfüllung grundlegender menschlicher Bedürfnisse geht: Verbundenheit, Nähe, Freude am Sein etc. Und zwar vor allem auch um die innere Verbundenheit mit der universellen Urkraft in uns.

Ein Heiler ist daher umso besser, je besser er den Klienten dazu animieren kann, sich mit der Urkraft wieder zu verbinden. Denn das ist es, was Körper und Seele eigentlich suchen. Eine Spontanheilung ist in etwa so, als würde die Seele plötzlich entdecken: »Heh, hurra, Urkraft, du bist ja noch da? Ich kann auch mit dir verbunden sein, während ich einen irdischen Körper habe? Na dann ist ja alles gut!« Schwuppdiwupp gesund!

Hören wir einen Bericht von einem mittelständischen Unternehmer aus meinem Bekanntenkreis: »Ich arbeite oft 60 Stunden die Woche oder noch mehr. Manchmal kann ich einfach nicht mehr, aber es muss sein. Das Firmenbudget gibt im Moment nicht noch mehr Angestellte her, und wenn ich Kunden Termine zugesagt habe, dann möchte ich sie auch einhalten, da muss ich dann einfach selber mit ran. Manchmal habe ich das Gefühl gleich zusammenzubrechen. Und dann tue ich etwas, das ich mittlerweile schon recht gut kann: Ich setze mich für einige Augenblicke ruhig hin und spreche freundlich und bestimmt mit meinen Körperzellen. Ich weiß, es sind mehrere Billionen, und ich stelle mir vor, alle diese Billionen von Zellen hören mir zu wie bei einer Betriebsversammlung.

›Liebe Zellen, ich weiß, dass ihr Energie braucht, um euch zu regenerieren. Ich weiß aber auch, dass schlafen nur eine von vielen Möglichkeiten ist, sich Energie zu holen. Denn ich weiß, dass ihr alle göttlichen Ursprungs seid und dass in Wahrheit sowieso alle Energie nur von dort kommt. Bitte öffnet euch jetzt in diesem Augenblick für die universelle Kraft und tankt euch dort auf. Ich bitte euch, ladet euch so auf, als hättet ihr zehn Stunden geschlafen und wärt drei Stunden in der Natur gewandert und hättet danach noch Brotzeit gemacht. Ich verspreche dafür am Wochenende wirklich physisch aufzutanken mit Schlaf, spazieren gehen und frischgepressten Säften. Bitte unterstützt mich noch drei Tage (oder wie viel es gerade sind).‹«

Der Unternehmer berichtet: »Ich muss das manchmal noch fünf Minuten machen, dann bin ich wieder voll fit und leistungsfähig. Aber ich habe auch diese vermaledeiten Verdauungsbeschwerden und Knieschmerzen. Vor ein paar Wochen habe ich mich gefragt, ob ich eigentlich blöd bin. In fünf Minuten wieder so fit zu sein als hätte ich zehn Stunden lang ausgeschlafen, das finde ich ganz normal, das klappt. Warum generiere ich nicht einfach auch eine Energie, die die Verdauung regelt und das Knie oder was immer dazu der Auslöser ist, repariert?«

Der Mann hat es ausprobiert und schwört, dass es seitdem auch dem Knie und der Verdauung besser geht.

Sein Geheimtipp? Du musst es fühlen können! Du musst die Zellen als Persönlichkeiten ernst nehmen und sie wertschätzen. Du musst dir dessen bewusst sein, dass sie Außerordentliches für dich leisten und ihnen deine Wertschätzung dafür geben! Und dann muss es Zeiten geben, in denen du alles tust, was dein Körper sich von dir wünscht. Dann stehen die Zellen auch hinter dir, wenn du ihren Maximaleinsatz brauchst.

Im Herbst 2006 wurde in Deutschland das Buch »Intelligente Zellen« des Molekularbiologen Bruce Lipton veröffentlicht. Er kommt zum gleichen Ergebnis, dass nämlich jede Zelle im Körper eigene Intelligenz besitzt und dass man mit seinen Zellen kommunizieren kann. Laut Lipton ist ein Mensch so eine Art Verbund aus vielen einzelnen kleinen Bewusstseinseinheiten. Und der Teil, den du als dein Ich wahrnimmst, ist der Boss dieser Bewusstseinseinheiten. Wenn du das Kommando gibst:

- Alle Zellen gehen jetzt online mit der universellen Urkraft
- Urkraft bitte auftanken und die natürliche Harmonie wieder herstellen (laut Einstein tendiert alle Natur zur Harmonie, wenn man sie nur lässt),

dann verbindet sich tatsächlich jede einzelne Zelle mit dem Universum und optimiert ihren Energie- und Gesundheitszustand.

Es wirkt schon, wenn es nur ein Gedankenkonzept ist, aber wenn du die Meldung in Form eines positiven Gefühls an deine Zellen schickst, hast du einen echten Turboverstärker drin. Wie weit kann das gehen? Was ist möglich damit? Lies das Beispiel von Walter Russell im nächsten Kapitel. Was wir glauben, wird unsere Realität. Es ist an uns, Stück für Stück unseren Glauben auszubauen.

ZUSAMMENFASSUNG:

Je verbundener mit der Urkraft wir uns fühlen (fühlen, nicht denken), desto gesünder sind wir.

Liebe ist die stärkste Kraft im Universum

Oft hat man nicht den Eindruck, dass Liebe wirklich stärker als Hass und Angst ist. Aber das könnte daran liegen, dass wir in solchen Momenten den Kanal für die Energie der Liebe einfach nicht wirklich ganz und gar offen halten können.

Nehmen wir ein ganz kleines und ein ganz großes Beispiel und schauen wir uns an, was passieren kann und wie wir mehr von dieser Energie in unser Leben holen können:

Ich hatte für meine Kinder Erdbeereis selbst gemacht. Mit Stevia (extrem süße Pflanzenblätter) statt Zucker und mit Öko-Erdbeeren. Die Kinder aßen es zusammen mit einem Nachbarskind, während ich den Rasen mähte. Das Nachbarskind (4 Jahre alt, genau wie meine Zwillinge) fand, dass das Eis zu hart sei, und da sie eine recht forsche junge Dame ist, beschloss sie, mich dafür zu schimpfen. Das sagte sie auch meinen Zwillingen und rauschte mit festem Schritte hinaus in den Garten, um mich schimpfen zu gehen. Meine Minis waren entsetzt. Die kann doch nicht unsere Mama schimpfen, die arme Mama. Sie rannten ganz aufgeregt hinterher. Von weitem (na ja relativ weit, unser Garten ist eher klein) riefen sie mir schon entgegen: »Mama, ich hab dich sehr lieb!« und »Mama, ich hab dich auch sehr lieb!« Sie wollten mich schon mal vorab trösten, damit ich nicht traurig bin, wenn ich gleich geschimpft werde.

Die eben noch so forsch einhermarschierende kleine Freundin der beiden hielt verdutzt inne. Ich konnte sehen, wie irgendein Wind (ich wusste da ja noch nicht, um was es ging) völlig aus ihren Segeln genommen worden war durch die Rufe meiner Kinder. Sie blieb einen Moment unschlüssig stehen, drehte sich dann um und lief nach Hause zu ihrer Mama. Und meine beiden berichteten mir ganz aufgeregt, was los gewesen war, dass sie mich hatte schimpfen wollen und dass sie nicht wollten, dass ich traurig bin.

Eine Woche später waren sie offenbar immer noch damit beschäftigt dieses kleine Erlebnis zu verdauen. Denn eins der Kinder fragte mich abends kurz vor dem Einschlafen: »Mama, warum ist die Soundso eigentlich weggelaufen, als wir gesagt haben, dass wir dich lieb haben?« »Weil ihr so viel Liebe ausgestrahlt habt. Da hat Schimpfen nicht mehr dazugepasst und das hat sie gemerkt«, versuchte ich es zu erklären. Wenn die Liebe wirklich klar und rein ist und den anderen erreicht, dann lösen sich alle kriegerischen Absichten von ganz alleine auf.

Ein Problem bei der Liebe ist daher, wie können wir sie kommunizieren, so dass sie den anderen wirklich erreicht? Das war ein kleines Beispiel zur Kraft der Liebe. Nehmen wir ein großes: des Universalgenies Walter Russell (1875 -1963)[*] :

[*]Aus »Die Botschaft der Göttlichen Iliade, Buch der Heilung« S. 273, mit Genehmigung des Genius Verlages, www.genius-verlag. de/genius   contact@genius-verlag.de

»Mit vierzehn Jahren erkrankte ich an Schwarzer Diphtherie, einer Krankheit, die mit der Schwarzen Pest identisch ist. Abstriche aus meiner Kehle schwärzten ein Taschenmesser so, dass die drei behandelnden Ärzte sagten, ich könne unmöglich überleben, denn die Funktion meiner Kehle sei zerstört.

Wenig später erklärten die Ärzte mich für tot. Die Leichenbestatter waren bereits angekommen. Ich hatte kein Bewusstsein von meinem Körper, überhaupt keins, aber in diesem Zustand überwältigte mich eine große Ekstase mit dem allwissenden Licht der Liebe, und dann erhob ich mich zur Überraschung meiner weinenden Eltern vollkommen geheilt aus meinem Bett. Eine erneute Untersuchung meiner Kehle zeigte ein völlig normales, starkes Gewebe und mein geschwächter Körper war wieder stark und vital.

Diese Geschichte verdeutlicht, zusammen mit den Prinzipien, die vorher aufgelistet wurden, die Tatsache, dass die vollständige Balance, die der Mensch nur durch volles Gewahrsein von der Einheit Gottes und des Menschen erlangen kann, jeden, der in dieser Weise erleuchtet wird, zum Meister der elektrischen Wellen macht, aus denen sein Körper besteht.«

So etwas passiert interessanterweise öfter an der Grenze zwischen Tod und Leben. Auch Josef Mc Moneagle, der erfolgreiche Fernwahrnehmer, der jahrzehntelang für die amerikanische Spionageabwehr medial Dinge und mitunter auch entführte oder sonstwie verschwundene Menschen aufspürte, besaß diese Fähigkeit plötzlich nach einem Nahtoderlebnis. Zu einer Freundin von mir und meinem Mann kamen überraschend starke Geistheilerfähigkeiten in einer Situation, in der sie ebenfalls fast gestorben wäre. Eine ganze Reihe von Heilern, die ich im Laufe des Lebens kennengelernt habe, haben ihre Fähigkeiten in dem Moment entweder erworben oder stark erweitert, als sie selbst todkrank waren.

Ich glaube, wir finden in diesem Phänomen eine Bestätigung der Theorie der Gegenteile, die wir erfahren müssen, um etwas ganz sein oder ganz erleben zu können. Und um die Erfahrung der reinen Liebe und ihrer unbegrenzten Heilkraft machen zu können, muss ich möglicherweise auch davon zuerst das Gegenteil erfahren haben, nämlich den Tod.

»Das ist ja schauerlich«, wirst du vielleicht denken. »Meine eigenen Heilkräfte und die reine Liebe in mir möchte ich schon gerne entwickeln, aber können wir uns das Nahtoderlebnis dabei nicht irgendwie sparen?« Doch, ich denke schon. Und zwar durch das totale Erleben des Gefühls, von allem getrennt zu sein, und das mit offenem Herzen. Was ist die maximale Trennung, die ich mir persönlich für mein Leben vorstellen kann? Wenn du mit offenem Herzen dieses Gefühl der totalen Trennung auf allen Ebenen durchfühlen kannst, kommst du ebenfalls da wieder heraus, woraus Walter Russell diese erstaunliche Heil- und Transformationsenergie bezog: in einer großen Ekstase mit dem allwissenden Licht der Liebe!

Das ist ein bisschen wie beim Yin-Yang-Zeichen. Wenn du beispielsweise ganz in die volle Energie von Yin gehst, kippt sie an ihrem Höhepunkt ins Yang. Oder: Der Himmel hinter den Wolken ist immer blau. Und je tiefer du in die Erfahrung von Wolken gehst, desto intensiver erlebst du am anderen Ende das Blau des Himmels dahinter.

Du brauchst dir demnach nie die Frage zu stellen, ob du eigentlich völlig bekloppt bist, dass du dir immer wieder so viele Probleme im Leben anhäufst. Wahrscheinlich machst du das Ganze nur, um hinterher den absoluten Flash zu erleben, wenn du zurück in die Einheit kommst.

Das ist wie jemand, der sich aufgrund von Nahrungsmittelallergien zwei Monate lang nur von ungewürztem Reis oder so ernähren darf und nichts anderem. Wenn so jemand das erste Mal wieder einen Tropfen Tomatensoße essen darf, dann ist das Geschmackserleben dieser Tomatensoße vermutlich eins der eindrücklichsten und glücklichsten Momente seines Lebens.

Wahrscheinlich machst du auch nur gelegentlich »Glücksdiät« (Diät vom Glück), um es hinterher mit erweiterten Sinnen und differenzierterer Feinwahrnehmung genießen zu können. Kein Grund also, sich deshalb selbst zu beschimpfen. Du kannst lediglich beschließen, jetzt mit der Diät vom Glück oder dem Fühlen des Getrenntseins wieder aufzuhören. Nimm deinen ersten Schluck kosmischer Tomatensoße jetzt, indem du deine Aufmerksamkeit Stück für Stück wieder mehr auf glückliche Gefühle legst, mit Hilfe von allen Übungen, die wir bisher schon beschrieben haben.

Hier könnte das Kapitel zu Ende sein. Aber ich möchte es nicht schließen, ohne zu erwähnen, dass du auch bei allen im Alltag auftauchenden Herausforderungen und Problemen genau diesen Problemen und Herausforderungen gegenüber dein Herz öffnen und ihnen all deine Liebe geben kannst. Das erscheint zunächst absurd, aber es hebt all diese Probleme auf eine ganz andere Ebene und verändert sie genauso zum Positiven und Harmlosen hin, wie es die Gefühle in der Übung von gerade eben verändert.

»Liebes Problem, da du schon einmal da bist, möchte ich nicht versäumen, dich ganz herzlich willkommen zu heißen. Ich nehme das Geschenk, das in dir liegt, mit tiefer Dankbarkeit an.«

»Liebes Problem, ich danke dir.«

»Liebes Problem, wie geht es dir? Was kann ich für dich tun?«

Das kreative Potenzial und die unendliche Kraft, die dir zufließen, wenn du Probleme auf diese Weise und mit offenem Herzen angehst, kannst du niemals im Vorhinein erahnen. Man muss es ausprobiert haben, um es zu verstehen. Da kann vom ganz kleinen bis hin zum ganz großen Wunder alles passieren.

»Liebes Problem, ich danke dir!«

ZUSAMMENFASSUNG:
Liebe ist die größte Kraft im Universum. Sie verwandelt auch die »unangenehm guten« Gefühle. Wenn du mit offenem Herzen ein Gefühl wie etwa »totale Trennung auf allen Ebenen« durchfühlen kannst, findest du dich vielleicht plötzlich in einem totalen Glückgefühl wieder.

Du kannst auch allen im Alltag auftauchenden Problemen dein Herz öffnen und ihnen all deine Liebe geben. »Liebes Problem, da du schon einmal da bist, möchte ich dich ganz herzlich willkommen heißen. Ich nehme das Geschenk, das in dir liegt, mit tiefer Dankbarkeit an.«

Wünsche für den Weltfrieden und Co.

Wenn wiederholte Gedanken und Gefühle Realität schaffen, welche Realität erschaffen wir, wenn wir morgens den Tag beginnen, indem wir die neuesten Nachrichten über Kriege, Terror und Katastrophen lesen? Und abends den Tag beenden, indem wir uns dasselbe noch mal im Fernsehen ansehen und uns davor noch einen Krimi reinziehen? Energie folgt der Aufmerksamkeit. Welche Energie willst du in die Welt senden?

Beginne den Tag und beende ihn mit positiven Gedanken an die Welt. Du kannst nicht den freien Willen anderer damit aufheben und sie quasi gedanklich zwingen, so zu leben, wie du es richtig finden würdest. Aber du kannst deine ganz persönliche Welt verändern und du übernimmst damit Verantwortung für das, was du zur Welt an Gedankenfeldern und Gefühlsqualitäten beiträgst. Erinnere dich: Alles ist mit allem verbunden. Du magst wie ein Tropfen im Ozean sein mit deinen Gedanken über die Welt. Aber möchtest du nicht lieber ein reiner, klarer und die Schönheit fördernder Tropfen sein als einer, der noch mehr Schmutz zum Ganzen dazugibt?

Lenke deine Aufmerksamkeit auf die großen und kleinen Schönheiten der Welt und sende der Welt deine Liebe und Dankbarkeit dafür. Schwelge in positiven Gefühlen von

Freude an der Schönheit der Welt. Damit säst du andere Samen als mit steter Sorge um die Welt, von morgens bis abends. Im Kleinen veränderst du die Dinge, die dir in der Welt begegnen, zum Positiven, und im Großen steckst du andere damit an und wir bekommen eine Welt, in der gemeinsame Gedankenfelder neue Lösungen, neue Wege, Ideen und neues Bewusstsein erzeugen.

Wie sieht es aus mit dem Weltfrieden?

Dazu habe ich mehrere Anregungen zum Überdenken. Die eine ist die Frage, ob wir uns den Weltfrieden aus Angst vor Krieg wünschen oder weil wir gerne in Frieden leben wollen? Wenn es ersteres ist und die Angst vor Krieg in uns lauert, ist Angst das Gefühl, das wir aussenden, und wir geben in Wahrheit dem Krieg unsere Energie, denn die Energie folgt der Aufmerksamkeit. Wenn ich persönlich gerne in Frieden leben möchte, dann sollte ich das auch so bestellen/wünschen/visualisieren: »Ich lebe gerne in Frieden, ich genieße Frieden, wo immer ich ihm begegne.« Dabei lenke ich meine Aufmerksamkeit auf den Frieden und damit auf das, was ich erschaffen möchte.

Was kann das ändern? Der neuseeländische Heiler Clif Sanderson hat mir von Inseln berichtet, die er besucht hat, und die so flach sind, dass sie regelmäßig, wenn Taifune kommen, für Monate komplett unter Wasser stehen. Dennoch gibt es dort Einwohner, die auch schon seit Jahrtausenden auf diesen Inseln leben. Wie machen sie das? Clif hat sie befragt und die Antwort war, dass sie die Natur beobachten. Sie können es an den Pflanzen erkennen, wenn in den nächsten sechs Monaten ein solcher Taifun kommen wird. Und dann packen sie ihre Sachen zusammen und suchen nach einer Insel auf der keinerlei solche Zeichen erkennbar sind. Und dort ziehen sie dann hin und warten, bis der Taifun auf den anderen Inseln vorbei ist. Das klappt ganz offenbar, denn ansonsten wären diese Stämme schon längst alle ausgestorben.[*]

Genauso ist es, wenn ich meinen Focus auf der Energie des Friedens habe. Nicht immer sichere ich damit den Frieden in meiner Stadt. Aber das Leben beginnt mir Zeichen zu senden, wann es Zeit wird weiterzuziehen, so dass ich mein Leben stets in Frieden leben kann.

Hawaiianische Art der Friedensmeditation

Ho'oponopono ist eine hawaiianische Heiltechnik. Sie beinhaltet verschiedene Elemente und eines davon ist eine Technik, alles in der Welt zu heilen, womit du dich unwohl fühlst.

Die alten Hawaiianer sahen das so, dass wir für alles, was ist, die volle Verantwortung haben. Das gilt auch für Terroranschläge, Politik und die Wirtschaftslage, genauso wie für das Verhalten unserer nächsten Verwandten und Bekannten. Denn all diese Dinge existieren nicht wirklich, sondern nur als Projektion aus unserem Inneren. Das Problem liegt deshalb nicht bei den anderen, sondern bei

[*] Diese Begebenheit hat Clif inzwischen auch in seinem Buch »Knowing nothing, living happy« beschrieben. Man kann es auf www.intention-in-action.com bei ihm bestellen: das Buch ist in Englisch und Clif spricht auch nur englisch

uns selbst. Weil die gesamte Welt unsere eigene Schöpfung ist! Alles, was in meiner Welt vorkommt, ist meine Schöpfung, sonst käme es nicht in meiner Welt vor. Aber wir sind nicht machtlos in dieser Vorstellung, sondern alles, was wir wahrnehmen und nicht mögen, will von uns geheilt werden.

Wie in aller Welt sollen wir das tun? Nach Ho'oponopono ist das unglaublich einfach. Nehmen wir ein Beispiel. Jemand hat ein Problem und wir wünschen uns Heilung für denjenigen oder dass sich das Problem auf positive Weise löst. Dann überlegen wir uns, wie es wäre, wenn wir dieses Problem hätten. Mit welchem Problem in unserem Inneren könnten wir dies erzeugt haben? Wenn wir ein Bild oder ein Gefühl dazu bekommen, womit wir das Problem erzeugt haben könnten, dann heilen wir diesen Anteil in uns selbst mit den einfachen Sätzen: »Es tut mir leid« und »Ich liebe dich«. Das klingt viel zu einfach, um irgendeine Wirkung zu haben, aber man muss es ausprobiert haben, um zu erleben, wie kraftvoll es sein kann. Es sollen sogar schon geisteskranke Patienten auf diese Weise geheilt worden sein, ohne dass der heilende Arzt die Patienten überhaupt getroffen hätte. Er ist nur ihre Akten durchgegangen und hat in sich gesucht, womit er ein solches Problem erzeugt haben könnte, wenn er diese Person wäre. Und das hat er dann mit »Es tut mir leid« und »Ich liebe dich« geheilt.

Besonders genial daran finde ich, dass man sich in den freien Willen von niemandem einmischt. Man schickt niemandem ungefragt Heilenergie oder sonst was, sondern man heilt die Resonanz in sich selbst zu diesem Problem. Und wenn es sein darf und die Seele des anderen einverstanden ist, dann »schaut sie die Heilung ab« und heilt sich selbst ebenfalls.

Wenn du einem aggressiven Kollegen Licht und Liebe schickst, damit er freundlicher wird, dann wird der vielleicht erst recht fuchsteufelswild, wenn er es erfährt, weil er deine Energien nicht haben will. Aber bei Ho'oponopono schickst du ihm ja nichts. Du überlegst dir nur: »Wenn ich so wäre wie der – warum wäre ich so?« Und diesen Anteil heilst du dann mit »Es tut mir leid« und »Ich liebe dich«. Probier es aus. Selbst wenn derjenige sich nie ändern sollte, es ändert sich deine Einstellung zu ihm. Statt Wut auf ihn oder Angst vor ihm, statt Stress und Anspannung sobald du ihn nur über den Gang kommen siehst, empfindest du auf einmal Verständnis und Mitgefühl, weil du nachvollziehen kannst, warum es ihm so gehen könnte. Du hast die Resonanz zu diesem Problem in dir gelöscht und du wirst sehen, es tangiert dich nicht mehr. Egal was er macht, du bleibst entspannt. Allein das ist Gold wert. Aber wenn es ganz toll klappt, dann ändert sogar er sich. Manchmal vollständig und manchmal zumindest dir gegenüber.

Ich hatte einen Bericht über diese Heiltechnik per Mail bekommen und im Freundeskreis herumgemailt, was sofort eine Experimentierwelle auslöste. Die größten Erfolge waren sofortiger Frieden (innerhalb eines Tages) zwischen einem geschiedenen Paar, das sich jeweils beim Kinderbesuchen total in die Haare bekam. Vor lauter Begeisterung versuchte diejenige es am nächsten Tag gleich auch noch mit der Schwiegermutter, mit der sie echten Stress hatte. Ebenfalls per sofort wich der Stress einem verstehenden Mitgefühl. Die Schwiegermutter spürte die andere Schwingung und reagierte ebenfalls freundlicher.

Dabei – und das finde ich wichtig – ist es keineswegs immer so, dass man mit dieser Technik die tatsächlichen Beweggründe des anderen, warum er oder sie so ist, herausfindet. Man findet nur heraus, wie man selbst mit so einem Verhalten in Resonanz steht. Wo man vorher dachte: »So benimmt sich nur ein Irrer, das ist völlig irrational«, schleicht sich auf einmal Verständnis ein: »Ich könnte mir vorstellen, dass man, wenn man sich so und so fühlt, einfach nichts Besseres weiß.« Es ist eine große Erleichterung, wenn man andere nicht mehr zwanghaft negativ sehen muss, sondern wenn man sie mit Mitgefühl betrachten kann!!

Manfred rief gleich Waliha Cometti an und erzählte ihr davon. Ihr Kommentar: »Wenn ich so tue, als wäre etwas nicht in mir, verstärke ich es im Außen. Mit dieser Technik stehe ich zur Wahrheit und nur dann kann ich es auflösen.« Das habe ich, ehrlich gesagt, gleich verstanden. Ich musste an einen früheren Kollegen denken, der immer so unterwürfig daherkam. Ich konnte mich jeweils kaum zurückhalten, ihn nicht fürchterlich anzuherrschen. Hinter der Unterwürfigkeit versteckten sich tiefer Frust und Aggressionen, die er sich aber nicht eingestand. Auf diese Weise zwang er die Menschen um ihn herum, ihm zu spiegeln, was in ihm vorging. Es ging jedem Kollegen im gesamten Geschäft so, dass alle besonders unfreundlich zu ihm waren, obwohl er doch so dienstbeflissen unterwürfig allen gegenüber auftrat. Hätte er aus Liebe heraus den Wunsch gehabt allen zu dienen und den anderen ihren Arbeitstag leichter zu machen, wäre die Energie ganz anders gewesen und jeder hätte sich gefreut.

Ist eine tolle Übung: Teste mal an so einem Menschentypus die Hoop-Technik. Stell dir vor, du würdest unterwürfig mit eingezogenem Kopf und mit leiser und total zurückgenommener devoter Stimme auf andere Menschen zugehen. Warum würdest du es tun? Was würde dabei in dir vorgehen?

Ich würde es tun, weil ich »armes Opfer« spielen wollen würde, und hinter jedem Wort von mir läge ein versteckter Vorwurf: »Ihr seid alle sooo böse, wo ich doch sooo lieb bin.«

Fühl mal in dich hinein, vielleicht findest du ganz andere Beweggründe. Und egal welche du findest, sag zu dem Teil: »Es tut mir leid« und »Ich liebe dich«. Das sagst du nicht zu dem unterwürfigen Kollegen oder der unterwürfigen Phantasieperson, sondern du sagst es zu dir selbst, zu dem Teil in dir, den du gerade gefragt hast: »Warum würde ich so auf Menschen zugehen, wenn ich es wäre?«

Und wenn du Angst bekommst, wenn du wieder die neuesten Katastrophen in der Zeitung liest, dann kannst du dasselbe machen. Frag dich, wenn ich das ausgelöst hätte, warum hätte ich es getan? Heile diesen Anteil in dir. Damit trägst du zumindest mit deiner Energie ab sofort zu dem bei, was du erreichen und erleben möchtest, anstatt das mit Angstenergie zu ernähren, was du nicht haben möchtest.

Wie kommuniziert man Liebe?

Liebe kommunizieren zu können ist eine wichtige Fähigkeit und wir (Manfred und ich) üben auch noch eifrig. Denn je mehr wir Liebe kommunizieren, desto mehr stärken wir sie in uns und damit stärken wir eines der kraftvollsten Gefühle überhaupt.

Aber wie kommuniziert man Liebe? Das ist erfreulicherweise ganz einfach und erfordert keinerlei höhere Geistesgaben. Wir schließen daher das Buch mit der einfachsten von allen Übungen ab. Denn alles, was wirklich essentiell ist im Leben, kann jeder. Das ist so ähnlich wie bei Heilkräutern: Die stärksten kommen am häufigsten in der Natur vor und so ist die Königin der Heilkräuter die Brennnessel. Vieles, was uns zu profan und einfach erscheint, ist daher in Wirklichkeit das Beste, was das Leben zu bieten hat.

Kommen wir zur Liebe und wie man sie kommuniziert: Stell dir einen Profimusiker vor. Er ist der beste Techniker der Welt auf seinem Instrument und gibt gerade ein Konzert. Leider hat ihm das Musikstudium zugesetzt. Die vielen komplizierten Musikgesetze, Tonleitern mit römischen Ziffern, Silben, Nummern, Buchstaben, Zeichen, Berechnungen und tausend Seiten Erklärungen sowie fünf Stunden Üben jeden Tag haben ihn mürbe und müde gemacht. Er ist der beste Musiktechniker der Welt, aber der Applaus des Publikums ist sehr verhalten, und er versteht es nicht. Wo er doch der Beste ist.

Nun kommt klein Hänschen als Pausengag auf die Bühne. Er spielt dasselbe Instrument wie unser Profi. Aber er kann erst drei Akkorde. Diese drei Akkorde jedoch spielt er mit tiefster innigster Freude und voller Inbrunst. Das Publikum tobt und gibt stehende Ovationen.

»Ei der Daus, was ist denn mit denen auf einmal los?«, fragt sich unser zuvor eher kühl abgeklatschter Superprofi.

»Ganz einfach«, wie Duncan Lorien, einer der genialsten Musikexperten der Welt, sagen würde, von dem auch dieses Beispiel stammt. »Dieser Beispiel-Profi spielt die Musik nur noch ab. Aber das Kind hat mit der Musik kommuniziert und das ist der eigentliche Sinn und Zweck von Musik[*].«

Musik ist ein künstlerisches Mittel zur Kommunikation und zum Ausdruck von Gefühlen. Wer sie nur runterklimpert mit Null Gefühl und Null Kommunikation, den will keiner hören. Hingegen muss man kein musikalischer Experte sein, um ganz hervorragend mit Musik kommunizieren und Gefühle ausdrücken zu können. Unser Kind im Beispiel oben konnte es, und Elton John verdient seine Millionen auch mit lediglich zwei immer wiederkehrenden Lieblingsakkorden. Noten lesen kann er hingegen fast keine dem Vernehmen nach. Die Technik macht also nicht den guten Musiker.

Dies können wir nun ganz ähnlich auf das Kommunizie-

[*] Wer lernen möchte Gefühle mit Musik auszudrücken und selbst komponieren möchte, egal ob bisher totaler Musiklaie oder Profi, der kann es bei Duncan Lorien in zwei Wochenenden lernen. Seine Seminare sind absolut genial. www.dlorien.com und www.musik-verstehen.com

ren von Gefühlen im Alltag übertragen. Es kommt nicht darauf an, ob wir etwas technisch perfekt machen, sondern mit welchem Gefühl wir es tun. Unser Gefühl überträgt sich automatisch und vermittelt allem, was wir tun oder sagen, neue »Obertöne«.

Obertöne? Ja, ich kann es nicht lassen, es noch einmal kurz mit der Musik zu vergleichen. Die Klangfarbe und Klangqualität eines Klaviers beispielsweise zeigt sich in den Obertönen, die es erzeugt (mitschwingende höhere Töne bei jedem Ton, der gespielt wird). Ein billiges Klavier erzeugt Obertöne, die steril oder irgendwie langweilig klingen. Ein teures Klavier, das das 10- bis 100-fache vom billigen Klavier kosten kann, tut nichts anderes als andere Obertöne, das heißt andere Klangfarben zu erzeugen. Sie wirken weder steril, langweilig noch billig, sondern sie komponieren sich auf magische Weise immer wieder so, dass wir beim Zuhören innerlich entspannen und uns gestärkt und energetisiert durchs Zuhören fühlen. Vorausgesetzt jemand spielt dieses Klavier, der passend zum edlen Klavier auch in der Lage ist, mit Musik wirklich zu kommunizieren. Auf ebenso magische Weise ändert sich nämlich genau diese Klangfarbe, je nachdem, mit welcher inneren Haltung man spielt. Töne runterklimpern oder lustvoll mit den Tönen innerlich mitschwingen – das sind auch für den Laien hörbare Unterschiede.

Zurück zur gelebten Liebe im Alltag. Du gibst allem, was du tust, eine andere »Klangfarbe« oder eine andere Energie, wenn du es mit Liebe tust. Das alleine ist schon eine Form der Kommunikation.

- Essen entwickelt andere »Geschmacksfarben« und riecht sogar anders, je nachdem mit welcher inneren Haltung es gekocht wurde.
- Deine nonverbale Kommunikation (Tonfall, Gestik, Mimik) enthält eine andere »Klangfarbe« je nach deiner inneren Haltung.
- Die Energie zwischen den Zeilen deiner Briefe wird gehaltvoller, je authentischer du bist.
- Du kannst nicht singen und triffst öfter mal die Töne nicht? Egal! Jeder Ton, der mit Liebe gesungen wird, und sei er noch so schräg daneben, enthält eine heilend wirkende Sequenz von Obertönen.
- Der grüne Daumen: ein Phänomen der nonverbalen Kommunikation mit Pflanzen. Sie spüren deine Liebe.
- Tiere oder Kinder lieben dich? Warum? Weil sie dein Herz spüren.
- Du kannst Theater spielen und alle gähnen oder du kannst mit dem original gleichen Text einen Knallererfolg landen, wenn du mit Liebe und Freude tust, was du tust.
- Dein Haus ist immer ordentlich, na schön. Aber drin wohlfühlen wird man sich erst, wenn du die Dinge mit Liebe arrangierst. Dein höheres Selbst drückt ganz automatisch deine Schwingung in der Raumharmonie aus, auch vorbei an jeglicher bewussten Wahrnehmung deinerseits.

Fazit: Alles, was du tust, sagst, singst, schwingst, bewegst und baust und planst, enthält deine Schwingung. Sie drückt sich als eine Art mitschwingender Klangfarbe in allem aus. Um Liebe zu kommunizieren, muss man daher einfach nur Liebe sein. Die Liebe kommuniziert sich automatisch selbst.

Und wer mithört, ist der Geist der All-Einheit, der genauso von dieser Schwingung angezogen wird wie der Rest der Natur einschließlich Mann und Maus. In dieser Schwingung hat das Universum nur noch eins im Sinn – dir schnellstmöglich Unterstützung bei der Erfüllung deiner Wünsche zukommen zu lassen!

Wir wünschen dir
- ein positives Basislebensgefühl
- Liebe und eine wundervolle Verbindung zur Urkraft bei allem, was du tust
- die Fähigkeit, Gefühle im Moment ganz zu erleben, ohne dich total mit ihnen zu identifizieren
- ein offenes Herz und die Empfindung der All-Einheit in allem
- und ein individuell glückliches und erfülltes Leben.

Bärbel und Manfred

Lese-Fühl-Meditation

Dieser Text stammt von dem Heilmedium Ramona Rosenstern. Sie hat diesen Text für mich (Bärbel) geschrieben, als ich gerade nicht allzu viel positive Gefühle produziert habe.

Ich hatte so viel Freude daran, dass mir gleich die Idee kam, neue Lese-Fühl-Meditationen daraus zu machen. Das geht so: Du setzt dich ganz in Ruhe mit diesem Text hin und liest immer nur ein paar Zeilen. Dann schließt du die Augen und lässt diese Zeilen auf dich wirken und spürst in dich hinein, welche Gefühle sie in dir auslösen. Dadurch kannst du ganz in deinem Tempo vorgehen und es kann nie zu schnell oder zu langsam sein wie bei einer geführten Entspannung auf CD. Wobei geführte Entspannungen natürlich auch ihre Qualitäten haben, es sind nur einfach andere Qualitäten.

Die Schmetterlings-Reise

Setze dich aufrecht hin und lass dich so richtig tief in deinen Atem hineinfallen.
Atme dabei tief ein und aus und konzentriere dich auf deinen Atem. Lass los!!

Lass bei jedem Ausatmen alles los. Nichts und niemand in diesem Moment können dir diesen wunderbaren Augenblick nehmen.
Schließ einige Augenblicke die Augen und fühle in dich hinein, während du so atmest.

Es sei dir vergönnt, atme tief und genieße jeden Atemzug. Schließ wieder kurz die Augen und genieße die Stille in diesem Augenblick.
Während du diese Zeilen liest, beginnt eine Energieübertragung für dein absolutes Wohlbefinden. Hör dabei nicht auf, tief ein- und auszuatmen.

Stell dir einfach vor, es wäre möglich. Alleine dadurch, dass du dir vorstellst, Energie von wohlmeinenden Energien, Wesen und der Urkraft übertragen zu bekommen, steigert sich bereits dein Wohlbefinden.
Ab hier überlasse ich es dir alleine, wann und wo du für wie lange Pause machen willst, um das Gelesene wirken zu lassen und in dir spürbar zu machen!

Stell dir vor, du gehst auf einer Blumenwiese spazieren und hörst den Wind zwischen den Bäumen sausen. Hunderte von Schmetterlingen flattern über dieser Wiese und rufen dich: »Schön, dass du bei uns bist. Willkommen in der Leichtigkeit des Seins.« Du lächelst liebevoll und mit viel Freude, atmest tief ein und aus und auch du begrüßt diese wundervollen, göttlichen Wesen.

Ein Schmetterling flattert unmittelbar vor deiner Nase und fragt dich: »Kannst du die Blumenwiese riechen?

Riech doch mal und nimm all die Heilkraft dieser Blumen und Pflanzen auf. Atme tief, in voller Liebe.
Kannst du all die Farben sehen, die überall um uns herum sind? Schau doch, schau doch!!! Nimm all ihre Farben auf. Jetzt!«

In diesem Augenblick erkennst du eine Träne, die dieser Schmetterling für dich fließen lässt, weil er dich sooo sehr liebt. Siehst du das?

Du streichelst ihn und sagst: »Hey, ich liebe dich auch und bin sehr froh, dass ich hier bei dir sein darf. Ich spüre deine Liebe und deine Kraft, die durch dich in mich fließt. Hier und jetzt, in diesem Augenblick. Danke.« Er flattert singend und mit tiefer Freude in das Blumenmeer.

Denkst du noch dran? Schließt du immer wieder die Augen und spürst den Bildern und Gefühlen nach?

Du drehst dich im Kreis, deine Arme strecken sich zum Himmel und selbst die Wolken schenken dir das bezauberndste Lächeln für dein entzückendes Herz.
Du rufst mit einem Lächeln: »Ich bin frei, frei, frei.« Und bei jedem Atemzug, den du einatmest, spürst du die Freiheit in dir, die dich erfüllt mit Heilung und tiefem Frieden. Nimm es, als würde es nichts anderes geben. Genau jetzt, in diesem Augenblick.
Dieser Schmetterling setzt sich nun auf deine kleine Nase und sieht dich mit liebevollen Augen an und sagt: »Du bist so hübsch und sooo lieb, woher kommst du? Hier in diesem Paradies hab ich dich noch nie gesehen. Wärst

du jetzt nicht hier, würden wir dich vermissen in unserer Welt des inneren Friedens.«

Du antwortest: »Weißt du, ich hatte vergessen, dass auch ich hier zu Hause bin.« Du wirst ganz nachdenklich dabei.

Mit seinen Flügeln streichelt der Schmetterling über deine Nase und spricht weiter: »Weißt du, hier bei uns bist du sehr wichtig. Auch du bist für dich wichtig. Lass all deinen Stress los und lass deinen Gefühlen freien Lauf. Ja, lass es fließen, damit du dich wieder frei fühlen kannst. Manchmal vergessen sich Menschen, wenn sie auf der Suche sind, da sie dann gerne ihren Körper vergessen. Er ist ein Geschenk Gottes, ein göttliches Gefäß. Trage ihn und hüte ihn wie deinen größten Schatz. Ruh dich hier aus, wann immer du es brauchst. Wir freuen uns auf dich und schenken dir gerne wunderbare Energien und Zeit für dich, liebes Wesen. Du bist immer herzlich willkommen.«

Atme tief und bedanke dich bei diesem Schmetterling für seine Zeit und Hingabe, für die Liebe und Heilung.

Huch, was ist denn das??? Eine riesengroße Luftblase schwebt unmittelbar über deinem Kopf. Oh, jetzt öffnet sie sich.

Goldstaub und viele bunte Sterne regnen auf dich herab. Du schreist vor Freude auf und nimmst, so viel du tragen kannst, auf. Die Sterne tanzen und springen mit dir. Oh, ist das schön.

Bleib einen kleinen Moment in diesem Bild. Dann komm

langsam mit deiner Aufmerksamkeit zurück in das Hier und Jetzt.

Von Ramona Rosenstern (www.rastoa.de)
Mit Dank an Ramona für die Erlaubnis zur Verwendung und mit allen guten Wünschen an alle, die mit »fühl-lese-meditieren«.

☺ Bärbel Mohr